KB097798

어쩌면 당신이 원했던

괴담실록

어쩌면
당신이 원했던

괴
담
실
록

괴담실록 지음

Booksgo

괴이하고 기묘한 그들의 이야기

《어쩌면 당신이 원했던 괴담실록》에 수록된 이야기들은 익히 접해온 옛날이야기들과는 다를 수 있다. 이야기 속에서 악인과 선인의 경계는 모호하고 항상 권선징악의 결말을 가지지도 않는다. 대부분 이유 모를 불행에 맞서다 처참히 패배하는 '새드 엔딩'을 가진 이야기들이다.

또한 이야기에서는 '역사적' 인물만을 다루고 있지도 않다. 정변으로 왕위에 오른 임금의 이야기보다는 조카를 죽인 숙부의 죄책감에 대한 이야기를, 살인마를 처단한 고관의 이야기보다는 오랜 벗을 죽일 수밖에 없던 또 다른 벗의 이야기를 다루고, 역사 속에서 잊힌 평범한 인간의 이야기를 하고 있다.

그리고 이야기에서는 이해할 수 있는 것들만을 다루고 있지도 않다. 믿기 힘들지만 그래서 더 두렵고 신비로운 괴수와 귀신, 재앙과 운명에 대한 괴담들을 다루고 있다.

흔히 역사는 승자의 것이라고들 한다. 권력을 쥔 자들이 자신들의 입장에 유리하게 기록해 왔기 때문일 것이다. 반면 야사와 전설은 패자들의 이야기를 포함하고 있다. 권력 다툼에서 패하고 중심에서 밀려난 그럼에도 살아가야 했던 이들. 애초에 그 다툼에조차 속하지 못했던 평범한 민초들. 전설과 야사에는 그들의 염원과 절망의 이야기가 기이한 사건과 상징물에 투영되어 그려졌다고 생각한다. 괴이하고 터무니없지만 어쩌면 그들의 진짜 이야기일 수도 있는 것이다.

그래서
정사가 담지 못한 터무니없고 괴이한 이야기
잔혹하지만 그래서 세상과 더 가깝고 실감나는 이야기
누군가 단순히 흥미를 위해 만들어냈을 수도
어떠한 의도를 가지고 만들었을 수도 있지만
여전히 흥미롭고 생각하게 만드는 이야기를 담고자 했다.

이 책이 전해 내려오는 야담집을 번역한 책들과의 다른 점은 원전의 내용을 각색을 했다는 점이다. 오랜 세월 속에서 이야기가 덧붙여지고 재미있어진 면도 있겠지만, 반대로 이해되지 않는 부분이나 개연성이 떨어지는 부분 역시 있다. 그래서 나는 이런 부분을 매끄럽게 하고자 원전의 큰 줄거리를 해치지 않는 선에서 이야기를 각색하였고, 그 안에 개인적인 생각을 녹여 해석하였다.

그러다 보니 정사나 야담집 원전의 내용과 다른 점을 포함하고 있다. 같은 이야기라도 책이나 시대, 지역마다 차이를 보이듯 내가 하는 이야기는 '괴담실록 버전' 정도로 받아들여 주면 좋겠다. 특히 이 책에는 '괴담실록 버전'의 많은 이야기들 중에서 조선시대의 이야기를 중점적으로 추려 담았다. 유튜브 채널에 업로드 된 에피소드와 아직 올라가지 않은 이야기, 영상에서는 맥락상 미치 하지 못했던 흥미로운 이야기를 더해 영상과는 다른 재미를 담아내고자 하였다.

정식 기록이 아님에도 이야기들이 살아남을 수 있었던 힘은 '재미'일 것이다. 아무리 거창한 메시지를 가지고 있었다 해도 재미가 없었다면 구전이나 기록으로 살아남지 못했을 것이다. 이야기들이 수백 년간 살아남은 방식처럼 단순히 재미로만 읽든 나름의 교훈을 얻든 무엇이든 좋다.

《어쩌면 당신이 원했던 괴담실록》과 미처 담아내지 못한 이야기들은 그냥 이 땅에 살았던 누군가의 괴이하고 기묘하고 재미있는 이야기다.

괴담실록

둘.

믿을 수도
믿지 않을 수도 없는
기묘한 이야기

셋.

괴이하고 요사하며
그리고 신기한
조선의 귀신 이야기

넷,

예나 지금이나
무섭고 잔인한 인간의 욕심

一

하나.

기이한
역사 속

비범한
인물들의
이야기

고려를
무너뜨린 거인

#정몽주 #거인우 #고려멸망

고려시대 서북면 박천 땅에 한 사냥꾼이 살고 있었다. 그는 묘향산에 나가 사냥을 하곤 했는데, 하루는 이상하게도 짐승이 한 마리도 보이지 않았다. 종일 빈 숲만 헤매다 허탕만 치고 빈손으로 돌아가려는데, 돌연 사슴 한 마리가 수풀에서 튀어나왔다. 이를 본 사냥꾼은 곧바로 사슴을 쫓아갔다.

하지만 아무리 달려도 사슴은 가까워지지 않았다. 화살을 쏘아 보아도 맞을 듯 말 듯 빗나갈 뿐이었다. 한참 동안 용을 쓰고 쫓아노 잡을 수 없자 사냥꾼은 포기하고 그만 돌아가려 했다. 그때 가까운 곳에서 사슴이 불쑥 나타나더니 그가 있는 쪽을 바라보았다.

'요망한 사슴이로구나. 내 오늘 너를 꼭 잡아야겠다.'

사냥꾼은 오기를 품고 사슴을 좇아갔다. 얼마나 따라갔을까, 사슴이 또다시 어디론가 사라져 버리더니 이번에는 다시 나타나지 않았다. 사냥꾼은 그제야 주변을 둘러보고는 자신이 너무 멀리 왔다는 것을 깨달았다. 하늘을 보니 어느덧 해가 뉘엿뉘엿 지고 있었다.

'이거 낭패로구나…'

사냥꾼은 산을 빠져나가려 숲을 이리저리 돌아다녔지만 도무지 길을 찾을 수 없었다. 그러던 중 바위 절벽 사이 좁은 계곡 하나를 발견했다.

'이곳의 길이 좁으니 하룻밤 범이라도 피하고 가야겠다.'

그렇게 절벽 사이로 들어가니 그 안에는 기이하게도 마치 사람이 낸 듯한 길이 나 있었다. 사냥꾼은 이를 이상하게 여겨 길을 따라 걸어갔다.

얼마나 걸었을까, 길의 끝자락에 기이하게 생긴 초가집 하나가 나왔다. 그 집은 가로로 길게 이어져 족히 열 두 칸은 되어 보였는데, 오직 한쪽 끝에만 문이 달려 있을 뿐 다른 곳에는 창문도 없었다. 기이한 모습에 의아해 하며 사냥꾼이 자세히 보려 집에 가까이 다가가 보니 문틈 사이로 웬 여자가 보였다. 인기척이 들리자 여자가 고개를 돌려 사냥꾼을 쳐다보았다.

"…"

하지만 여인은 낯선 사람을 보고도 놀라거나 이상하게 여기지 않았다.

"…산에서 길을 잃었는데, 하루만 머물다 갈 수 있겠습니까?"

"…그러시지요."

여자는 흔쾌히 수락한 뒤 사냥꾼을 집으로 들였다. 집안에 들어가 보니 부뚜막과 부뚜막에 이어진 좁은 방 한 칸뿐이었는데, 기다란 방으로 이어지는 듯한 작은 문 하나가 달려 있었다. 사냥꾼이 그 문을 보며 '저 방 안에 뭐가 있을까'를 생각하며 궁금해할 때쯤 여인이 물을 내어 주었다.

산속에서 호랑이 밥이 될 뻔한 위기를 넘기고 목도 축이니 사냥꾼은 마음이 놓이면서 슬그머니 딴 생각이 들기 시작했다. 좁은 방에 여인과 단 둘이 있으니 젊은 사냥꾼은 욕정이 일어 여인을 유혹하였고, 여인도 별다른 말없이 승낙하니 두 사람은 동침하게 되었다.

얼마 뒤 여인이 저녁밥을 내왔는데 반찬이라곤 곰 발바닥, 사슴포, 멧돼지고기 등 죄다 산짐승으로 만든 것뿐이었다. 사냥꾼은 아차 하는 마음에 물었다.

"혹시 이 집에 남자가 있소?"

여인은 아무렇지 않게 대답했다.

"사냥을 나갔는데 곧 돌아 올 것입…"

쿵. 쿵. 쿵.

바로 그때 집밖에서 발소리가 들려오기 시작했다. 여인은 소리를 듣더니 하던 말을 멈추고 돌아온 남자를 마중하려는 듯 급히 집밖으로 나갔다.

사냥꾼이 문을 살짝 열어 밖을 살피니 커다란 두 발이 땅을 딛고 있는 모습이 보였다. 그리고는 커다란 자루가 바닥에 떨어졌다. 사냥꾼은 그의 얼굴을 보기 위해 위를 올려다보았지만, 몸집이 매우 큰 그의 얼굴은 처마에 가려 보이지 않았다.

'내가 괴수의 집에 들어왔구나…'

사냥꾼은 숨지도 그렇다고 뛰쳐나가지도 못하고 방 안에서 안절부절못하고 있는데 거인의 목소리가 들려왔다.

"손님이 왔는가?"

거인은 여인의 마중을 받으며 집 쪽으로 다가왔다.

쿵.. 쿵.. 쿵..

사냥꾼은 두려움에 떨며 옆에 놓인 칼을 집어 들었다. 하지만 거인은 사냥꾼이 있는 방 쪽으로 오지 않고 집 반대편으로 걸어 갔다. 그리고 저 편에서 문 열리는 소리와 함께 이무기가 요동치는 듯한 굉음이 울렸다.

사냥꾼은 옆방에서 일어나는 일을 보기 위해 방 안의 문을 살짝 열어 보았다. 그러자 거인의 얼굴이 보였다. 거인은 기다란 방에 몸을 집어넣고 누워 있었다. 거인은 사냥꾼을 보며 말했다.

"당신은 종일 사슴을 쫓고도 잡지 못하지 않았소?"

거인은 어떻게 알았는지 사슴에 대한 이야기를 꺼냈고 사냥꾼의 두려움은 한층 더해졌다.

"그… 그렇소."

사냥꾼이 온몸을 떨며 대답하자 거인이 낌새를 알아차린 듯 그의 얼굴을 가만히 보더니 물었다.

"당신, 혹 저 여인과 동침하였소?"

사냥꾼은 속으로 생각했다.

'생김새로 보나 사슴에 대해 알고 있는 것을 보나 이 자의 신령함은 보통이 아닌 것 같다. 이미 내가 한 일을 모두 알고 있을 터 거짓을 고해도 소용이 없을 것이다.'

사냥꾼은 사실대로 털어놓았다.

"그렇소. 당신이 나를 죽여도 할 말이 없소."

그러자 거인이 웃으며 말했다.

"내가 무슨 까닭으로 죽인단 말이오? 저 사람은 음식만 마련해줄 뿐 나와는 관계가 없소이다."

그러고는 여인에게 말했다.

"상을 내와 주시오."

여인이 나가더니 이내 돼지 잡는 소리가 들려왔다. 그러고는 금방 상을 내왔는데, 피가 뚝뚝 떨어지는 날고기가 쟁반 위에 산더미처럼 쌓여 있었다. 거인은 누운 채 그 자리에서 돼지 한 마리를 모두 먹어치우고는 말했다.

"난 이만 잘 테니 두 사람은 그 방에서 함께 자도록 하시오."

사냥꾼은 여인과 한방에 누웠으나 두려운 마음이 일어 아무것도 하지 못하고 뜬 눈으로 밤을 지새웠다.

하지만 걱정과 다르게 밤새 방문은 열리지 않았고, 사냥꾼은 무사했다. 날이 밝자 거인은 전날과 마찬가지로 날고기를 잔뜩 먹고는 몸을 이끌고 집밖으로 나갔다. 사냥꾼이 따라 나가 거인을 올려다보니 과연 그 몸집이 매우 거대하여 여덟 자는 족히 되어 보였다. 거인은 마당에 앉더니 사냥꾼의 얼굴을 유심히 들여다보았다.

"내 손님을 이리 보니 과연 복이 많구려."

그러고는 근처 동굴에 손을 뻗어 무언가 가득 담겨 있는 그물을 꺼냈다.

"사실 어제 쫓던 사슴은 내가 보낸 것이오. 손님을 이리로 데려오기 위함이었소."

사냥꾼이 받아 든 그물 안을 보니 온갖 값진 가죽들이 가득 들어 있었다.

"나는 이제 갈 곳이 있어 집을 떠나야 하니 저 여인과 함께 산을 나가도록 하시오."

의아한 사냥꾼이 말했다.

"하룻밤 재워주신 것도 고마울 따름인데, 이렇게 귀한 물건들을 주시다니 받을 수 없습니다."

그러자 거인이 미소를 띠며 말했다.

"내 당신에게 부탁할 것이 있어 그러니 사양하지 마시오."

그러고는 집 뒤 쪽을 가리키며 말했다.

"저 길로 나가면 바다가 나올 것이오. 나온 길로 곧장 해안을 따라 걷다가 멀리 배가 보이면 그곳에서 멈춰 계시오. 당신 혼자 이것들을 들기엔 힘에 부칠 테니 내가 짊어지고 따라가겠소."

사냥꾼은 여인과 함께 거인이 알려준 길로 계곡을 빠져나오니 과연 해안이 나왔다. 그리고 멀리 배가 보이는 곳에서 기다리니 잠시 후 거인이 나타났다.

"이 가죽들을 판돈으로 소 두 마리와 소금 백 석을 사서 닷새 후 이곳에서 기다려 주시오. 남은 재물은 가져도 좋소."

그 말만 남긴 채 짐을 두고 떠났다.

사냥꾼은 거인이 시킨 대로 가죽을 팔았는데 과연 수 천금을 벌 수 있었다. 그는 그 돈으로 약속한 것을 준비한 뒤 닷새 후 그 해안에서 기다렸다. 얼마 후 거인이 저번처럼 가죽 짐을 가득 들고는 나타났다.

"잘 와 주었소."

그는 그 자리에서 사냥꾼이 가져온 소 두 마리를 먹어 치우고는 가죽을 사냥꾼에게 넘겨주었다.

"닷새 뒤 이번만큼 소금을 준비하여 이곳으로 와 주시오."

그 거인은 사냥꾼이 가져온 소금을 들고 떠났다.

사냥꾼은 거인이 소를 잊고 말하지 않았다고 생각하여 지난번처럼 소금과 함께 소도 두 마리 준비하여 닷새 뒤 같은 장소에서 기다렸다. 그러자 거인이 또 가죽을 짊어지고 나타났다. 그는 가죽을 쏟아놓고 자루에 소금을 담다가 소를 보더니 고개를 저으며 말했다.

"이것은 이제 받을 수 없으니 도로 가져가시오."

거인이 소금만을 가지고 떠나려 하니 사냥꾼이 그를 붙잡으며 말했다.

"우리는 잘 모르는 사이이나 당신은 내게 만금에 달하는 가죽을 주었습니다. 감사하는 마음에서 우러나와 드리는 것이니 받아주시지요."

사냥꾼이 거듭 청하니 거인이 잠시 고민하다 말했다.

"좋소. 당신의 마음이 그렇다면 일이 닷새가 늦춰지겠지만 더는 사양하지 않겠소."

그는 그 자리에서 소를 먹어 치웠다.

"이제 마지막이오. 오늘 이후로는 당신과 만날 수 없을 것이오. 스스로를 보호하여 잘 지내도록 하시오."

거인이 떠나려 하자 사냥꾼이 다시 거인을 붙잡고 말했다.

"이유는 모르겠으나 마지막이라 말씀하시니 그 이름이라도 알고 싶습니다."

거인이 난색을 보이며 말했다.

"우리의 법도가 있어 그것은 알려줄 수 없소이다."

거인이 거절하자 사냥꾼이 무릎을 꿇고 말했다.

"사귐에 있어 서로에 대해 아는 것은 중요한 일입니다. 큰 은혜를 받고도 은인의 이름조차 알지 못하니 마음이 편치 않습니다. 그러니 부디 알려 주시지요."

그때서야 거인은 어쩔 수 없다는 듯 말했다.

"내년 단옷날 낙동강의 나루터에서 기다리시오. 푸른 도포에 초립을 쓴 젊은이가 검정 조랑말을 타고 나타날 것이오. 그 사람에게 물으면 답을 알 수 있을 것이오."

그 말을 끝으로 거인은 소금을 메고 사라졌다. 사냥꾼은 거인이 사라지는 모습을 보면서 의심이 남아 있었지만 이상하게 그의 뒷모습에서 슬픔을 느꼈다.

사냥꾼은 박천으로 돌아가 함께 산을 빠져나온 여인과 혼인하고 거인이 주고 간 가죽을 팔아 서북면의 큰 부호가 되었다.

시간이 흘러 이듬해 단옷날이 다가오자 그는 낙동강으로 향했다. 그 거인의 말대로 강의 나루터에서 기다리자 조금 후 과연 거인의 말대로 검은 조랑말을 탄 청년이 나타났다. 사냥꾼은 그에게 예를 올리고 거인과 있었던 일을 말하며 그의 정체에 대해 물었다. 그런데 무슨 일인지 이야기를 들은 청년이 깊이 탄식하였다.

"이는 좋은 소식이 아니구려."

"왜 그렇습니까?"

"거인은 스스로 목숨을 끊으러 간 것이오."

"목숨을 끊다니? 그는 내게 고기와 소금을 받아갔소."

청년이 고개를 저으며 말했다.

"그는 '우禹'라는 거인입니다. 천지에 흩어져 있는 순수한 양기로 그 힘이 충분하면 영웅으로 태어나 천하를 태평케 하지만, 그 힘이 부족해 그러지 못하면 '우'가 됩니다. 우는 산속에 숨어 그 모습을 드러내지 않다가 세상에 큰 화가 닥쳐올 것 같으면, 스스로 목숨을 끊어 우주로 흩어져 영웅을 탄생시킵니다. 이때 우는 곡기를 끊고 오직 소금만 먹습니다. 소금 백 석을 먹으면 몸이 쇠약해지고 닷새 후 또다시 소금 백 석을 먹으면 끝내 죽게 되는데, 중간에 날고기를 먹으면 죽는 기간이 닷새 미뤄집니다. 그가 당신이 가져간 두 번째 고기를 거절한 것은 이 때문입니다."

이야기를 들은 사냥꾼이 슬픔에 젖어 침울해하자 청년이 이어 말했다.

"당신의 복은 축하할 만하니 '우'가 그걸 알고 자신을 돕게 한 것입니다. 그 대가로 덕 있는 처자를 맡기고 부를 누리게 해준 것이지요. 다만…"

청년은 길게 탄식하고는 말을 이었다.

"이제 '우'가 죽었으니 삼십 년도 안 되어 호걸들이 도처에서 일어날 것이오. 고려 왕조가 위태롭겠구려."

이야기를 마친 청년은 배에 올랐다. 사냥꾼은 고개 숙여 사례한 뒤 물었다.

"선생의 함자는 어떻게 되십니까?"

그러자 청년이 말했다.

"나는 정몽주라는 사람입니다."

그로부터 삼 년이 채 되지 않아 고려는 정말로 큰 혼란을 겪기 시작했고, 수많은 영웅이 연달아 일어났다. 후한 말을 방불케 하는 난세는 몇십 년간이나 이어졌고 셀 수 없는 사람들이 비참한 죽음을 맞이했다.

하지만 사냥꾼의 집안은 무사하였으며 죽은 사람도 없었다고 한다. 그리고 정몽주의 말대로 고려 왕조는 삼십 년도 안 되어 멸망하고 조선이 세워졌다.

마침 사냥꾼이 사슴을 쫓아 머물렀던 묘향산은 환웅이 내려온 곳이기도 하다.

정몽주의 비석

정몽주는 마지막까지 고려에 대한 절의를 지키다 선죽교에서 비참한 최후를 맞이하였다. 그 후 조선의 제 3대 왕인 태종 이방원은 자기 손으로 죽인 정몽주를 직접 조선의 영의정으로 추증하였는데, 정몽주의 후손들은 이를 정몽주 묘의 비석에 그대로 기록했다고 한다.

그런데 얼마 후 돌연 번개가 내리쳐 비석이 깨져 버렸고 후손들은 그제야 정몽주가 분노했음을 깨달았다. 결국 비석에는 고려에서 받은 관직만을 남겨 '고려 수문하시중 정몽주의 묘'라 짧게 써넣으니 그 후로 더 이상 비석에는 아무런 일도 일어나지 않았다고 한다.

귀신과의 동침

#박엽 #임진왜란 #귀신과의하룻밤

임진년에 조선을 침략하여 연전연승하던 왜군은 한산도에서 이순신 장군에게 크게 참패한 뒤 불리해진 전황을 뒤엎지 못했다. 이듬해부터 왜군은 부산에 성을 쌓고 들어가 강화를 시도하였고 조선 땅은 몇 년 만에 잠시 조용해지는 듯하였다.

하지만 온 나라는 이미 쑥대밭이 되었고 그곳에서의 백성들은 여전히 지옥과도 같은 삶을 살았다. 그들 중엔 굶주리지 않는 자를 찾아보기가 어려웠고 길거리에는 굶어 죽은 시체가 즐비하였다.

이 시기 전란을 피해 피난을 가 있었던 한 젊은 선비는 왜적들이 잠잠해진 틈을 타 한양으로 돌아왔다. 그는 기쁜 마음에 집에 돌아왔지만 옛집은 이미 폐허가 된지 오래고 집안에 남아 있는 것이라곤 없었다.

그는 하는 수 없이 인근의 친척집에 잠시 몸을 의탁하고자 집을 떠나 마시교馬市橋 남쪽으로 향했다.

막상 친척집에 이르니 그들의 사정도 다를 바가 없었다. 온 식구가 굶주리는 판에 선비까지 받아줄 처지가 되지 못했다. 선비는 하는 수 없이 발길을 돌려 다시 집으로 향했다.

그런데 시간이 늦어 다리를 건너기 전에 해가 저물기 시작했다. 선비가 발걸음을 재촉하며 다리에 이르자 웬 여인이 멀리서 홀로 걸어오는 것이 보였다. 여인은 비단 옷에 머리를 단정하게 땋은 것이 한양의 다른 사람들과 처지가 달라 보였다. 선비는 그 여인의 모습에 궁금증이 생기는 한편, 아리따운 여인의 모습을 보고는 본래의 호방한 기질이 살아나 어려운 처지도 잊고 그녀에게 말했다.

"낭자, 늦은 밤에 어디를 가는 것이오?"

"기다리는 사람이 있었는데 끝내 나타나지 않아 돌아가려 하고 있습니다."

"그렇다면 내가 그대의 집에 가도 되겠소?"

여인은 잠시 뜸을 들이더니 이내 가만히 고개를 끄덕였다. 선비는 여인을 따라 그녀의 집으로 향했다.

여인의 집에 이르니 마루에는 수많은 종복들이 서로 뒤엉켜 자고 있었다. 전란 속에서도 많은 종들을 거느리는 것을 보니 여인의 집안은 풍족한 듯하였다.

'적어도 밥 한 끼는 얻어먹을 수 있겠구나.'

선비는 그렇게 생각하며 여인을 따라 방에 들어갔다.

"상황이 좋지 않아 손님께 대접할 것이 마땅치 않사옵니다. 이웃집에서 얼마 전 새로 술을 담갔다 하니 가서 얻어 오겠습니다."

여인은 그렇게 말하고는 집밖으로 나가더니 금세 양손에 술항아리와 동으로 된 주발을 들고 들어왔다. 선비는 여인과 술을 나누어 마시며 잠시나마 그동안의 고단함을 잊고 즐거운 시간을 보냈고 그날 밤 여인과 동침하게 되었다.

깊은 밤 선비는 온몸을 휘감은 한기에 잠에서 깨었다. 정신을 차리고 보니 어찌 잠들었는지 알 수 없을 정도로 방 안은 몹시 추웠고, 어디선가 알 수 없는 악취 또한 풍겨 왔다. 선비는 끝내 악취를 견디지 못하고 이불이라도 얻을까 싶어 옆에 누운 여인을 흔들어 깨웠다.

"이보시오, 낭자."

그런데 손에 닿는 그녀의 몸이 몹시 차가워 마치 얼음장과 같았다. 이상함을 느낀 선비는 몸을 일으켜 그녀의 몸을 돌려 보았다. 그런데 그녀의 몸에는 구더기가 가득했다.

"으, 으악!"

그녀는 이미 죽은 지 오래된 시체였다. 선비는 토악질을 하며 문을 박차고 밖으로 나왔다. 집에 들어설 때 자고 있던 종복들도 어느새 죽은 시체들로 바뀌어 있었다.

선비는 급히 달음박질 쳐 여인의 집을 빠져나왔다. 숨을 헐떡이며 얼마간 달리니 길가에 등불이 켜진 집이 보였다. 그는 더 생각할 것도 없이 곧바로 그곳으로 달려갔다.

"이보시오! 문 좀 열어 주시오!"

급히 문을 두들기며 소리치니 남자 하나가 나왔다.

"이 시간에 뉘신지요?"

그곳은 갖바치(가죽신 만드는 일을 하는 사람)의 집이었는데, 그는 새파랗게 질린 선비의 얼굴을 보고는 집안에 머물며 몸을 녹일 수 있게 해 주었다. 선비가 방에 앉아 놀란 가슴을 진정시키려 하는데 아까 보았던 죽은 여인이 계속해서 떠올라 도무지 잊히지 않았다. 그가 거친 숨을 몰아쉬며 주인에게 청했다.

"방금 험한 일을 당하고 왔으니 술이 있다면 조금 내어 주시겠습니까?"

주인은 그가 너무 딱했는지 그러겠다 이른 뒤 팔을 뻗어 베개 옆에 있던 술독을 가져왔다. 그런데 이내 잡은 술독을 내려놓더니 이상한 듯 주변을 살폈다.

"무슨 일입니까?"

"술을 뜨던 주발이 없어졌소."

술독을 살펴보니 입구를 감싸놓은 종이가 뚫려 있었다. 이때 무언가 생각나는 것이 있던 선비가 주인에게 물었다.

"혹시 그것이 동으로 된 것입니까?"

"그렇소."

선비는 몹시 놀라며 그간 있었던 일을 모두 털어놓았다. 그러자 주인이 말했다.

"그 집안은 이 지역의 이름 높은 양반집이었죠. 말씀하신 여인은 그 집의 장성한 딸인 듯합니다. 그들은 피난에서 돌아온 뒤 굶주림에 못 이겨 모두 굶어 죽었지요."

주인의 이야기를 들은 선비는 여인과의 지난밤을 떠올리며 몹시 슬퍼해 마지않았다. 그리고 다음 날 어렵게 수레와 관을 구비하여 그들을 서대문 밖에 묻어 주고는 직접 제문을 지어 그 넋을 달랬다.

그 이후 그 집안의 귀신들이 크게 감복했는지 선비는 훗날 종이품의 높은 벼슬에 올랐으니 그가 바로 숙야 '박엽'이었다.

북변의 신이라 불린 남자

귀신이 감복하여 그에게 재주를 준 것일까. 박엽은 훗날 신묘한 능력으로 높은 이름을 떨쳤다. 그는 함경도 병마절도사에 이어 평안감사 자리에 올라 강성해진 여진족의 위협에 맞서 북변의 방비를 맡게 되었는데, 그 수완이 어찌나 신출귀몰한지 오랑캐 중 그를 두려워하지 않는 자가 없을 정도였다.

그는 적병의 숫자를 정확히 꿰어 그 머릿수만큼 꼬치구이 선물을 보내어 적장이 싸움을 포기하게 만드는가 하면, 적장의 투구를 훔쳐다 장식하여 돌려주는 등 적의 동정을 손바닥에 놓고 들여다보듯 하였다. 이에 여진족은 그를 '신'이라 부르며 몹시 두려워하였고 감히 조선 땅에 침범하지 못했다.

이렇듯 능력이 뛰어나니 박엽은 광해군의 비호 아래 빗발치는 탄핵상소에도 무사할 수 있었고, 당대 최고의 권신이었던 이이첨을 모욕하고도 무사할 수 있었다.

하지만 인조반정이 일어나 광해군이 폐위되자 그 같은 재주와 명망을 가진 그도 숙청의 칼바람을 피하지는 못하였고, 결국 비참한 죽음을 맞이하게 되었다.

박엽이 사라진 조선은 사년 후 여진족의 침입으로 끔찍한 비극을 맞이하게 되었으니 바로 정묘호란, 병자호란이다.

장기 한 판에
장기 말이 된 무변

#인현왕후와장희빈 #남인과서인 #신여철

조선의 19대 임금 숙종은 잦은 환국으로 집권 세력을 바꿔가며 왕권을 강화시켰다. 환국이 일어날 때마다 조정에는 한바탕 피바람이 불어 닥쳤고, 패배한 세력은 크게 몰락하였다.

숙종 15년 기사환국(장희빈의 아들을 원자로 세우기 위해 조정의 세력이 서인에서 남인으로 바뀌었다)으로 서인의 우두머리 송시열은 사약을 받았고, 대대적인 숙청으로 서인이 실각하고 남인이 집권하게 되었다.

이 시기 찢어지게 가난한 무변 한 사람이 있었다. 기사환국으로 서인들이 대거 숙청당하자 서인에 속했던 그 또한 화를 입게 되어 몇 년 동안이나 녹봉을 받지 못하였다. 안 그래도 어려웠던 살림에 설상가상으로 조금씩이나마 받던 쌀 몇 말마저 끊기니 그의 집안은 온 식구가 뱃가죽이 등에 들러붙을 지경에 이르렀다.

참다못한 무변은 체면을 버리고 동냥을 하기로 마음먹고 길에 나왔으나 막상 어디로 갈지 막막하였다. 한참을 고민하던 차에 그의 머릿속에 문득 한 사람이 떠올랐다.

"옳지, 신 대감님께 찾아 가 봐야겠다."

판서 신여철은 신립의 증손이자 인조반정의 공신인 신경진의 손자로 일찍이 높은 자리를 두루 거친 지체 높은 양반이었다. 별 볼일 없던 무변 같은 사람이 어찌 그런 양반과 연고가 있었는고 하니, 과거 신 대감이 훈련대장을 맡던 시절 그의 막하에 머물러 서로 안면이 있던 것이었다. 또한 같은 서인에 속하기도 하니 무변은 그에게 감히 부탁해 볼 만하다 여겼다.

서인이었던 신여철 또한 기사환국 이후 자리에서 쫓겨난 상태였으나 무변은 그런 사정을 따질 상황이 아니었다. 스스로 '부자는 망해도 삼대는 간다지 않았는가' 하며 신 대감을 찾아가 사정을 이야기하였다.

"그간 안녕하셨습니까 대감, 저를 기억하시려는지요. 부끄럽기 짝이 없지만 처자식이 굶어 죽어가는 판에 아비된 자로서 가만히 지켜볼 수만은 없어 염치 불고하고 이렇게 찾아왔습니다.

혹시 먹을 것을 조금만 내어 주실 수 있겠습니까?"

그러자 신 대감이 그를 반갑게 맞이하며 말했다.

"이게 누군가? 어서 들어오게! 자네 같은 사람이 이런 어려운 처지에 놓이다니 내 마음이 편치 않네. 앞으로도 어려워 말고 언제든 찾아오게나."

그러고는 한상을 후하게 차려 주고 집에 가져갈 양식까지 챙겨 주었다. 그날 이후로 무변은 매일같이 신 대감 댁으로 가 먹을 것을 얻어 갔고, 신 대감은 자신의 살림도 넉넉하지 않았음에도 싫은 내색 한 번 없이 매번 무변을 잘 챙겨 주었다.

그러던 어느 날 무변이 여느 날과 다르지 않게 신 대감 댁으로 찾아갔는데 그날따라 대감의 모습이 보이지 않았다.

"오늘은 대감께서 출타하신 모양이로구나."

그가 대감 집 하인을 불러 묻자 하인이 대답했다.

"오늘은 손님이 오셔서 사랑채에서 담소를 나누고 계십니다."

무변은 대감이 나오기를 기다리고 있는데 웬 낯선 자 하나가 사랑채 쪽으로 몰래 들어가는 것이 보였다. 무변은 이를 수상하게 여겨 그자가 간 곳으로 조심스레 따라가 보았다.

하지만 그새 몸을 숨겼는지 사랑채 근처엔 아무도 보이지 않았다. 사랑방 안에서는 신 대감이 누군가에게 말하는 소리가 들려왔다.

"…밀서를 보내실 것이니 준비하고 계시는 것이 좋을 듯합니다."

바로 그때 무변이 사랑채 아래 몸을 숨긴 수상한 자를 발견하고는 외쳤다.

"웬 놈이냐!"

그 자는 잽싸게 몸을 날려 담을 넘어 달아났다. 그러자 밖에서 나는 소리를 들었는지 신 대감이 창문을 열어 보았다.

"웬 소란이냐?"

무변이 고개를 숙여 절하며 말했다.

"방금 수상한 자 하나가 이 근처를 염탐하다가 담을 넘어 도주했습니다."

신 대감은 잠시 생각하더니 말했다.

"방에 가서 잠시 기다리게. 내 손님과 작별한 뒤 곧 자네를 부르겠네."

무변이 돌아가 기다리니 잠시 후 신 대감이 무변을 불러 장하다는 듯 말했다.

"아까 자네가 본 자는 남인들이 보낸 첩자일걸세. 잘 말해 주었네. 자네가 이리도 듬직하니 내 마음이 든든하군."

그러고는 술상을 내오게 하여 무변을 후하게 대접해 주었다. 그리고 집으로 돌아가는 그를 배웅하며 말했다.

"내일은 나와 장기나 한 판 둠세. 요즘 종일 집에 있자니 영 적적해서 말이야."

무변은 그간 대감에게 받은 은혜를 조금이라도 갚은 것 같은 마음에 스스로 뿌듯해 하며 집으로 돌아갔다.

다음 날 무변이 오자 신 대감은 그를 불러 장기판을 사이에 두고 마주 앉아 말했다.

"장기 두는데 내기가 빠질 수 없지. 어떤가? 우리 내기를 걸고 한 판 두기로 하세. 내가 지면 자네에게 천금을 주겠네. 대신 자네가 진다면 내 작은 부탁 하나만 들어주게나."

두 사람은 장기 한 판을 두었고 결과는 무변의 승리였다.

"이런, 내가 졌네."

대국이 끝나자 대감은 하인들을 시켜 무변에게 양식을 챙겨주었다. 무변은 감사 인사를 한 뒤 집으로 돌아갔다. 그날 밤 무변의 집에 웬 사람들이 수레를 끌고 찾아왔다.

"신 대감께서 이것을 전해주라 하셨습니다."

그들이 가져온 것을 살펴보니 대감이 내기 때 약속한 천금이었다. 농담으로 여겨 넘겨들은 것인데, 대감이 정말로 약속을 지켜 큰 재물을 보내오니 무변은 크게 놀랐다.

'대감께서도 살림이 좋지 아니한데 내게 이리 큰돈을 주시니 감사하면서도 몹시 송구스럽구나.'

하인이 말했다.

"대감께서 내일도 같은 시간에 오라 하십니다."

"마땅히 그러겠다 전해 드리거라."

다음 날 무변은 신 대감의 말대로 그의 집으로 향했고 대감은 그런 그를 반갑게 맞이하며 말했다.

"오늘도 한 판 둡세나. 내 오늘은 반드시 어제의 수치를 씻겠네."

무변은 속으로 잘 되었다는 생각이 들었다.

'이 기회에 대감께 조금이나마 은혜를 갚아야겠다.'

그렇게 두 사람은 대국을 시작했고, 무변은 신 대감이 눈치 채지 못하게 짐짓 못 이기는 척 일부러 져 주었다.

"오늘은 제가 졌습니다. 내기대로 대감의 명에 따르겠으니 분부하시지요."

그러자 신 대감이 웃으며 말했다.

"이제야 분함을 풀게 되었구먼. 서두를 것 없네. 내 곧 알려 줄 테니 오늘은 우리집에서 머물고 가게나. 양식은 사람을 시켜 자네 집으로 보내놓겠네."

무변은 어리둥절하면서도 대감이 그렇게 나오니 더는 물을 수가 없었다. 그날 무변은 신 대감 댁에서 하루 묵어가게 되었다.

"나리, 일어나시지요. 대감께서 부르십니다."

깊은 밤 하인들이 급하게 무변을 깨웠다. 무변이 어리둥절해하며 일어나 그들을 따라 마당에 나가니 신 대감이 야밤에 갑주(갑옷과 투구)를 두른 채 서 있었다.

"이보게, 자네가 나를 위해 해 줄 일이 생겼네."

무변이 의아해하며 물었다.

"무슨 일입니까?"

그러자 신 대감이 갑옷과 투구를 건네며 말했다.

"먼저 이걸 입게나."

갑옷과 투구를 보고 의아한 무변이 물었다.

"이 야심한 밤에 무장을 하고 무얼 하시려는지요?"

하지만 신 대감은 자세히는 일러 주지 않고 갑옷을 무변의 손에 넘기며 재촉했다.

"자네가 나와 함께 갈 곳이 있으니 서두르게."

그러고는 무변에게 말을 내주어 타도록 했다.

"자네가 내게 귀한 도움을 줄 것이네. 내 뒤를 잘 따라 오게나."

무변은 영문도 모르고 갑주를 두른 채 말에 올랐다. 잠시 후 통금 시간이 끝났음을 알리는 파루(조선시대 한양의 통행금지 해제를 알리는 종각의 종을 치는 일) 소리가 울리자 신 대감이 앞장서서 대문을 나섰고, 무변은 그의 뒤를 따라갔다.

무변은 대감이 어디로 가는지 매우 궁금했으나 이미 두 번이나 일축한지라 감히 더 이상 묻지 못하고 말없이 그를 따라가기만 했다. 컴컴한 어둠 속에서 한참 말을 달리고 있는데, 관상감 고개를 넘을 때쯤 해가 뜨기 시작하니 점차 주변이 밝아 왔다.

무변이 그제야 앞장서 가는 신 대감의 모습을 보았는데 무언가 이상했다. 신 대감이 병졸의 갑주를 입고 볼품없는 말을 타고 있던 것이었다. 무언가 모를 섬뜩함을 느낀 무변이 자신의 갑주와 말을 보니 바로 장군의 갑주에 준마를 타고 있었다.

"대… 대감…!"

바로 그때 수많은 화살이 날아와 무변의 몸에 꽂혔다. 그는 그대로 말에서 떨어졌고, 신 대감은 떨어진 무변을 보더니 급히 말을 달려 재빨리 그곳을 벗어났다.

이야기는 이러했다. 신 대감은 일찍이 병마절도사를 지냈던 무관으로 과거 경신환국(조선 숙종 6년에 서인이 반대파인 남인을 몰아내고 권력을 잡았다) 때 서인 편에 서서 남인들을 축출하는데 앞장선 인물이었다. 그는 이후 판서 자리에까지 올랐지만 몇 년 전 기사환국 때 서인들이 중전 폐출을 반대하다 숙청을 당하자, 그 또한 파직당해 몇 해 동안 집에서 기거하게 되었다.

그러던 어느 날 그의 정보원이 찾아왔다.

"주상께서 마음을 바꾸시고 다시 곤전(왕비를 높여 부르던 말)을 복위시킬 기미를 보이고 계십니다. 곧 대감께 밀서를 보내 병권을 내리실 것이니 이를 받으시는 대로 입궐하시면 됩니다."

신 대감이 크게 기뻐하며 말했다.

"이 기회에 마침내 치욕을 씻고 또 한 번 환국을 도모할 수 있겠구나."

"며칠 뒤 야심한 시각에 밀서를 보내실 것이니 준비하고 계시는 것이 좋을 듯합니다."

그때 밖에서 외침이 들려왔다.

"웬 놈이냐!"

신 대감이 창을 열어 밖을 보니 무변이 사랑채 앞에 서 있었다.

"무슨 일인가?"

"방금 수상한 자가 이 근처를 염탐하다 담을 넘어 도주했습니다."

"…방에 가서 잠시 기다리게. 내 손님과 작별하고 곧 자네를 부르겠네."

대감이 문을 닫자 그의 정보원이 다급히 말했다.

"대감! 이는 필시 남인들의 첩자일 것입니다. 정보가 새어나간 것 같으니 궁에 가실 때 조심하셔야 할 듯합니다. 매복이 있을지도 모릅니다."

신 대감이 잠시 생각에 잠기더니 말했다.

"걱정 말게. 내게 좋은 생각이 있네."

그러고는 정보원과 작별하고 무변을 불렀다.

"내일은 나와 장기나 한 판 둠세."

잠시 후 야심한 밤 하인이 신 대감을 급히 깨웠다.

"대감! 일어나시지요! 궁에서 밀서가 왔습니다."

그는 밀서를 읽어보고는 말했다.

"대장 자리에 제수되었으니 파루가 울리는 대로 즉시 궐로 오라고 하시는구나. 준비해둔 갑옷을 가져오너라. 그리고… 가서 무변을 깨우거라."

"이보게, 자네가 나를 위해 해 줄 일이 생겼네."

신여철이 무변과 함께 궐로 향하던 시각, 남인들은 신 대감이 지나게 될 관상감 고개에 궁수들을 매복시켜 놓고 있었다. 파루

소리가 울리고 얼마 뒤 두 사람이 말을 타고 오는 것이 보이자 대장이 궁수들에게 나지막이 명했다.

"저기 준마를 타고 오는 놈이 신 대감이다. 신호를 내리면 일제히 두 번째 오는 놈을 향해 쏘아라."

온몸에 화살이 박힌 무변은 그 자리에서 숨이 끊어졌고 무변의 목숨으로 화를 모면한 신 대감은 급히 말을 달려 궐에 들어가 무사히 병부를 받을 수 있었다. 그렇게 나라의 대권은 신 대감의 손에 들어갔고 그를 위시로 한 서인들은 숙종의 비호 아래 남인들을 숙청하여 다시금 정권을 잡게 되었다.

그 후 신 대감은 죽은 무변의 장사를 후하게 치러 주었고 그의 남은 가족들을 자주 돌봐 주었다. 또한 무변의 아들이 아버지의 삼년상을 마치고 돌아오자 그에게 관직을 주선해 주어 평생 넉넉한 급료를 받을 수 있게 해 주었다.

"네 아비를 닮아 든든하구나."

"감사합니다. 대감."

신 대감은 원한을 사지 않고 은혜를 베풀며 다른 사람으로 하여금 자기 대신 죽게 만들었다. 정치는 칼보다 무섭다더니 이는 신 대감과 같은 사람을 두고 하는 말이 아닐까?

시체에게 뺨을 맞은 무사

어느 늦은 저녁 정익공 이완(조선 효종 때 북벌에 앞장선 인물로 훈련도감 대장을 지내고 말년엔 우의정까지 지냈다)이 사랑에서 책을 읽고 있는데 하인이 급히 달려와 아뢰었다.

"대감, 이름 모를 젊은 무관 하나가 찾아와 대감 뵙기를 청하고 있습니다. 시간이 늦었으니 돌아가라 하여도 도무지 말을 듣지 않습니다."

이완이 의아하여 물었다.

"무슨 일이라 하더냐?"

"그것은 밝히지 않고 오늘 반드시 나리를 뵈어야 한다고 말할 뿐입니다."

일개 하급 무관이 대장인 자신의 집에 느닷없이 찾아와 행패를 부리니 이완은 괘씸한 마음이 들었다. 하지만 한편으로는 궁금한 마음도 함께 일었다.

'어떤 놈인지 그 낯짝이나 봐야겠다.'

그러고는 사랑에 들이게 하니 잠시 후 건장한 무관 하나가 방에 들어왔다. 그런데 그 눈매가 매처럼 날카롭고 흔들림이 없는 것이 예사 인물이 아닌 듯 보였다. 이완이 엄히 물었다.

"무슨 일로 나를 보자 하였느냐? 만약 중한 일이 아니라면 각오해야 할 것이다."

젊은 무관은 자리에 앉더니 이완을 똑바로 보며 말했다.

"오늘 소인이 훈련원에서 활쏘기 연습을 마치고 돌아가는 길에 술 취한 군사 하나와 마주쳤는데 행패가 심하여 손을 좀 봐주었습니다."

"그래서?"

"그런데 한 차례 발로 걷어차니 그대로 숙어 버렸지 뭡니까? 이를 어찌하면 좋겠습니까?"

그 같은 어처구니없는 물음에 이완은 실소를 금치 못했다.

"군관이라는 자가 그것도 모르는가? 별것도 아닌 일로 사람을 죽였으니 사형이지."

하지만 젊은 무관은 주눅 드는 기색 하나 없이 대꾸했다.

"죽기 매한가지라면 어찌 대장부가 조무래기 하나 때문에 죽을 수 있겠습니까? 대장 정도는 되어야 덜 억울하지 않겠습니까?"

그러더니 옷자락을 들쳐 칼자루를 손에 쥐는 것이었다. 이완은 어처구니가 없어 실소하며 꾸짖었다.

"네 놈이 감히 나를 죽이기라도 하겠다는 것이냐?"

무관은 흔들리지 않는 눈빛으로 태연히 대꾸했다.

"이 방 안에 대감을 지킬 사람은 아무도 없습니다."

그러자 이완은 그를 가만히 바라보다 이내 너털웃음을 지으며 말
했다.

"재미있구나."

그러더니 하인을 불러 일렀다.

"지금 훈련원에 가면 술 취한 군사 하나가 길에서 쓰러져 자고 있
을 것이다. 군영에서 소란을 피운 자이니 곤장을 쳐서 내보내도록
하라."

그러고는 무관에게 말했다.

"이제 다른 사람이 그 군사를 발견할 것이니 걱정할 것 없네. 자네
배짱이 두둑한 것이 보통 그릇이 아니군. 내 자네를 눈여겨보겠네."

무관은 그제야 자세를 고치고 절을 올리며 사례하였다.

"감사드립니다, 대감."

얼마 후 이완은 늦은 밤 젊은 무관을 다시 불렀다.

"지난날 내가 자네 목숨을 구해준 것을 기억하겠지? 자네가 은혜를 갚을 때가 되었네."

그러고는 광목을 내어 주며 말을 이었다.

"내 아는 사람 집안이 전염병에 휘말려 모두 죽어 버렸다네. 그런데 전염이 심한 병이라 아무도 시신을 처리해 주는 이가 없다지 뭔가. 아무리 흉한 병이라 할지라도 내 아는 사람으로서 어찌 그냥 둘 수 있겠는가? 지금 곧장 그곳으로 가 그 집안사람들의 염을 해 주게나."

젊은 무관은 군소리 일절 없이 응낙하고는 곧바로 채비를 하여 이완이 이른 곳으로 향했다.

그곳에 도착해 보니 고을 사람들 모두 도주한지 오래인지 온 고을이 휑하고 을씨년스럽기 그지없었다. 골목을 지나 이완이 이른 집에 들어가 보니 그 안에는 과연 죽은 시체가 다섯 구나 있었다. 무관은 시체를 앞에 두고 앉아 촛불을 켜고 광목을 풀어 하나씩 염하기 시작했다.

그런데 세 번째 시체를 염할 때 무언가 이상한 데가 있었다. 오래된 시체임에도 굳지 않은 데다 손끝에 온기까지 느껴졌다. 무관은 염하길 멈추고 촛불을 가져와 시체를 살펴보려 하였다. 그런데 그때 돌

연 시체의 팔이 들어올려지더니 큰 소리와 함께 무관의 뺨을 후려갈
겼다.

"이놈! 네가 그러고도 무사할 줄 알았느냐!"

그 바람에 촛불은 꺼지고 무관은 칠흑 같은 어둠 속에 갇혔다. 그
러자 시체는 이내 몸을 일으켜 앉더니 무관의 얼굴을 지척에 두고 노
려보았다.

무관은 이러한 상황에서도 동요하는 기색 없이 도리어 맞은 뺨을
어루만지며 시체를 꾸짖었다.

"죽은 자가 감히 누구의 몸이라고 손을 대는 것이냐!"

그러자 시체가 껄껄 소리 내어 웃기 시작했다. 무관이 불을 켜보니
그는 다름 아닌 이완이었다.

"지난날의 담력이 거짓인지 내 꼭 시험해 보고 싶었네."

그 후 이완은 그의 담력을 높이 사 친조카처럼 곁에 두며 아꼈다고
한다. 그 젊은 무관의 이름이 바로 '신여철'이었다.

사람을 죽인 뒤 말단 무인의 신분으로 대장을 겁박하여 위기를 벗
어나고, 전염병이 퍼진 곳에 홀로 들어가 시체를 염하는가 하면 나아
가 그 시체에게 뺨까지 맞고도 눈 하나 깜짝하지 않았다는 이야기가

전해질 정도이니 신여철이 얼마나 냉정하고 담이 큰사람이었는지 예
측할 수 있는 대목이다.

그는 갑술환국(조선 숙종 20년에 남인이 폐비 민씨의 복위 운동을 꾀하던 일
파를 제거하려다 도리어 화를 입었다) 때 판의금부사로 제수되어 장희빈의
오빠인 장희재를 처벌하였고, 이후 형조와 호조판서를 거쳐 마침내
는 이완이 맡았던 훈련대장의 자리까지 올랐다.

조선의
패하지 않는 무사

#임진왜란 #여자의한 #함부로귀신도믿지마라

젊은 시절의 신립이 언젠가 사냥에 나갔다가 그만 산에서 길을 잃고 말았다. 때마침 날도 어두워지고 있었기에 그는 서둘러 숲을 빠져나갈 길을 찾았다. 그러다 멀리서 반짝이는 불빛을 하나 발견하였다.

'다행이다. 날이 저물었으니 오늘은 저곳에서 머물고 가야겠다.'

불빛을 향해 다가가니 과연 집 하나가 나왔는데, 인적 없는 곳에 어울리지 않는 큰 기와집이었다. 그런데 기이하게도 인기척이 느껴지지 않았다. 신립은 사람이 있는지를 보기 위해 문을 두드렸다.

"계십니까?"

그러자 웬 여인이 문을 열고 나왔다.

"이 밤에 무슨 일이신지요?"

"사냥을 하다 길을 잃었는데 하루만 묵어 갈 수 있겠습니까?"

그러자 여자는 신립을 빤히 쳐다보다 힘없는 목소리로 말했다.

"사정은 딱하나 재워드릴 수 없습니다."

"헛간이라도 좋으니 하루만 자리를 내어 주시지요."

신립이 재차 청하자 처녀가 탄식하며 말했다.

"오늘 어떤 놈이 나를 죽이러 올 것입니다. 여기 계시면 함께 화를 당하실테니 어서 돌아가시지요."

"죽이러 온다니 그게 무슨 말씀이십니까?"

신립이 놀라 묻자 여인은 머뭇거리며 쉽게 입을 떼지 못하다 울음을 터트리며 말했다.

"얼마 전 이 집에서 일하던 종놈 하나가 앙심을 품고 집안사람들을 모두 죽였습니다. 제 놈의 아내로 삼겠다며 오직 저만을 살려 두었는데, 저는 원수의 처가 될 생각이 추호도 없으니 끝내 놈의 손에 죽게 될 것입니다. 무고한 사람이 저와 더불어 화를 입을까 두려우니 어서 돌아가시지요."

이 말은 들은 신립은 얼굴에 노기를 띠며 말했다.

"이런 천인공노할 놈을 봤나… 석성하지 마시오. 내가 그놈을 없애 드리리다."

여인은 재차 신립을 만류하였으나 그는 걱정하지 말라며 여인을 안심시키고는 저녁상을 내어 달라고 부탁했다. 여인이 먹을 것을 내어 주자 그는 든든히 배를 채우고는 칼을 빼어 들고 안방의 병풍 뒤로 몸을 숨겼다. 그리고 여인이 말한 종이 오기만을 기다렸다.

얼마나 지났을까, 과연 여자가 말했던 종이 거칠게 문을 열어젖히며 방 안으로 들어왔다.

"어찌, 생각은 해 보았소?"

종이 윽박을 지르며 여인에게 점점 다가오자 신립은 병풍을 발로 차 넘어트린 뒤 번개처럼 칼을 휘둘렀다.

하지만 종은 신립의 칼을 몸짓 한 번으로 피하더니 빠르게 집 밖으로 뛰쳐나갔다. 신립은 그를 따라 달려 나가 대문 쪽으로 도망치려는 종을 향해 활을 쏘았다. 화살은 그의 목에 명중했고, 종은 온몸에 힘이 풀린 듯 그 자리에 그대로 쓰러졌다. 그러자 신립은 놈에게 달려가 단숨에 그 목을 베어 버렸다.

"이제 난 쉬러 가 보겠소."

신립은 거듭 사례하는 여자를 뒤로한 채 지친 몸을 이끌고 방으로 돌아가려 했다. 그때 여자가 신립에게 말했다.

"저는 식솔들이 모두 죽어 이제 혼자 남은 몸입니다. 부디 저를 거두어 주십시오."

하지만 신립은 단호하게 거절했다.

"난 이미 처자가 있는 몸이외다. 도리를 저버릴 수는 없소."

신립의 말에도 여자는 울며 거듭 청했다.

"첩이나 종이라도 좋으니 제발 따르게 해 주십시오."

하지만 신립은 완고하게 여자의 청을 물리쳤다. 다음 날 신립은 아침 일찍 일어나 집을 나섰다. 그때 여자가 급하게 신립을 따라 나와 그를 붙잡았다.

"앞으로 살아갈 길이 막막하니 이대로 저를 버리고 떠나신다면 차라리 지금 죽어 버리는 것이 낫겠습니다."

신립은 그녀의 손을 뿌리치며 말했다.

"그 얘기라면 어제 끝나지 않았소? 하룻밤 머문 빚은 어제 그 종놈의 목으로 이미 갚았소."

그러고는 소매를 떨치고 다시 가던 길을 나섰다. 신립이 꿋꿋이 걸어가는데 그의 뒤편에서 여자가 부르짖는 소리가 들렸다.

"이보시오. 여기를 좀 보시오…!"

신립이 뒤를 돌아보니 집은 어느새 불타고 있고 여자는 그 지붕 위에 서 있었다. 신립은 놀라서 여자를 말리려 뛰어갔다.

"당장 내려오시오!"

하지만 그녀는 스스로 목을 찌르고는 지붕 아래로 떨어져 버렸다. 신립은 그녀를 구하려 했으나 불길이 거세어 도저히 들어갈 수 없었다. 그는 여인이 사라진 불길 속을 허망하게 한참 바라보다 이내 무거운 마음으로 발길을 돌렸다.

'좋은 곳으로 가시게…'

집에 돌아간 신립은 우연히 장인과 이 이야기를 나누게 되었다. 이야기를 들은 장인은 신립을 꾸짖었다.

"자네, 어리석은 짓을 했구먼. 여인의 청을 들어주지 그랬나?"

그 후 신립은 무과에 급제하여 여러 관직을 거치다 십여 년 후 함경도 온성 땅에 부임하게 되었다. 당시 함경도는 야인들과의 분쟁이 끊이질 않는 곳이었기 때문에 그는 그곳에 부임한 뒤 하루가 멀다 하고 크고 작은 전투를 치러야 했다.

그러던 어느 날 신립이 밤늦도록 군영에 홀로 머물러 있는데 별안간 웬 노인이 허공에 나타났다.

"웬 놈이냐…?"

신립이 놀라 묻자 노인은 태연하게 말했다.

"나는 십여 년 전 자네가 구해준 처녀의 아비일세. 자네가 우리 집안의 복수를 해주었으니 그 빚을 갚으려 했는데 적당한 때가 오지 않았네. 곧 자네에게 어려움이 닥칠 것이니 내가 그것에서 벗어나는 방법을 알려 주겠네."

신립은 한동안 잊고 있던 한참 전의 일을 떠올리고는 말했다.

"그 일이라면 됐소. 내 받은 셈 칠 테니 어서 돌아가시오."

하지만 노인은 그의 말을 무시하고 말을 이었다.

"곧 야인의 추장이 난을 일으킬 걸세. 그 어려움에서 도저히 빠져나가지 못하게 되면 백마 탄 자를 쏘게나."

그러고는 노인은 홀연히 사라져 버렸다.

'참으로 괴이한 일이로구나…'

　얼마 후 과연 노인의 말대로 여진족 추장 니탕개가 군사 3만을 이끌고 난을 일으켰다. 조선 개국 이래 가장 큰 규모의 전란이었다. 야인들은 경원진(조선 세종 때 설치한 북방 육진 중 하나)을 포위했고, 신립은 그곳을 구원하고자 군사를 몰아 포위를 뚫고 성에 들어갔다.

　하지만 야인들은 한층 더 많은 군사들로 성을 둘러싸며 숨통을 조여 왔다. 포위된 신립과 조선군은 절체절명의 위기에 놓이게 되었다.

　그렇게 한참을 죽기 살기로 싸우고 있는데 신립의 시야에 적군 중 백마 탄 자 하나가 보루 위로 올라가는 것이 보였다. 그 순간 얼마 전 찾아왔던 노인의 말이 생각났다.

　'그 어려움에서 도저히 빠져나가지 못하게 되면 백마 탄 자를 쏘게나.'

　신립은 즉시 활을 들어 백마 탄 장수를 쏘았다. 활에 맞은 그가 말에서 떨어지자 적들은 거짓말처럼 일제히 퇴각하기 시작했다. 이로 인해 조선군은 전투에서 승리하게 되었다.

　'십수 년이나 지난 일을 잊지 않고 내게 은혜를 갚았구나…'

　그 노인은 이후로도 신립이 크고 작은 전투를 치를 때마다 찾아와 싸움에서 이길 수 있는 계책을 알려 주었고, 신립은 그 덕분에 연진연승하며 마침내는 난을 일으켰던 니탕개를 잡아 그 목을 벨 수 있었다.

그 후 여진족은 신립을 크게 두려워하여 더 이상 함부로 국경을 침범하지 못하게 되었다. 그렇게 신립은 당대 조선 최고 맹장의 자리에 오르게 되었다. 당시 조선의 왕이었던 선조도 신립을 매우 총애하여 그가 승전하고 돌아왔을 때 곤룡포를 벗어 직접 입혀줄 정도였다.

신립이 승승장구하던 어느 날 오랜만에 전장에서 돌아와 장인을 만나게 되었는데, 관상을 볼 줄 알았던 그의 장인이 사위의 얼굴을 유심히 보더니 기이하다는 듯 말했다.

"자네… 관상이 바뀌었네."

"그게 무슨 말씀이십니까?"

"원래는 부귀만을 누릴 관상이었는데… 지금은 스스로 목숨을 끊을 상이 되었네."

신립은 장인의 괴이한 말에 섬뜩함을 느꼈다.

"그게 무슨 해괴한 말씀이십니까?"

장인은 계속해서 물었다.

"그간 무슨 일이 있었나?"

신립은 장인의 말을 듣고 노인이 문득 생각났다. 그래서 장인에게 십수 년 전 여자를 구해줬던 이야기부터 귀신이 나타나 자신을 도와준 이야기까지 모두 털어놓았다. 가만히 이야기를 듣더니 장인은 웬 호리병 하나를 꺼냈다.

"이걸 받게."

"이게 무엇입니까?"

"앞으로는 그 귀신을 보지도, 말하는 것도, 듣지도 말게. 그리고 다음에 그 귀신이 또 나타나거든 이 병의 뚜껑을 열게. 그리고 귀신이 사라지면 뚜껑을 굳게 닫고 다시는 열지 말게."

신립은 장인의 말을 듣고 마음이 편치 않았다. 그가 왜 싸움에서 이기게 해주는 이로운 귀신을 멀리하라 한 건지 도무지 이해되지 않았지만, 뭔가 알고 있는 듯한 장인의 표정이 마음에 걸려 결국 귀신을 내치기로 마음먹었다. 그렇게 잠자리에서 몸을 뒤척이고 있는데 때마침 노인이 나타났다. 신립은 노인에게 소리쳐 꾸짖었다.

"네놈이 여태껏 나를 속였구나…!"

"그게 무슨 말씀이시오?"

"모른 척 해도 소용없다. 은혜를 갚는다더니 순 거짓이었구나!"

그리고는 장인이 준 병의 뚜껑을 열자 귀신의 말은 더 이상 들리지 않게 되었다. 귀신은 계속해서 무언가를 말하려 했으나 입만 벙긋거릴 뿐 아무 소리도 내지 못했다.

신립은 장인의 말대로 더 이상 귀신을 보지 않고 병의 뚜껑을 잠가 버렸다. 귀신은 한참 동안 들리지 않는 말을 벙긋거리다 이내 사라져 버렸다. 신립은 그 후로 누구도 병을 열지 못하도록 항상 병을 직접 가지고 다녔다.

몇 년 후 십 수만의 왜군이 조선으로 쳐들어왔다. 과거 니탕개

따위와는 비교가 안 될 정도의 수많은 왜군이 조선 땅으로 쉼 없이 쏟아져 들어왔고, 조선의 국토는 빠른 속도로 쑥대밭이 되어 갔다. 조정에서는 급하게 이를 막기 위한 대책을 논의하게 되었는데 신립이 자진해서 나섰다.

"신이 반드시 왜적을 막겠나이다."

선조는 크게 기뻐하며 그에게 팔천의 군사와 왕의 권한을 상징하는 검을 내렸다.

그렇게 충주로 출병한 신립은 그 지역의 지형을 살펴보고 험준한 길목인 문경새재에 진을 치게 하였다. 그때 신립 앞에 노인이 다시 나타났다. 노인은 계속해서 다급하게 입을 뻥긋거렸다.

"…"

여태껏 자신에게 승리만을 가져다 준 노인이었기에 신립은 그의 말을 들어보고 싶었으나 장인의 경고를 되뇌며 필사적으로 노인을 무시했다.

"타… 그…!"

하지만 노인이 계속해서 그에게 다가오자 신립은 칼을 뽑아 노인을 베었다. 허나 칼은 노인의 몸을 통과해 허공을 가를 뿐이었다. 이때 신립이 칼을 휘두르다 그만 노인의 얼굴을 보게 되었다. 그때 노인의 입 모양을 보고 말았다.

"안 되오! …에 진을 치셔야 하오…"

'여기에 진을 치면 안 된다는 말인가…'

그의 입 모양을 본 신립은 자기도 모르게 허리춤에 차고 있던 병의 뚜껑을 살짝 열었다. 그러자 노인의 목소리가 크게 울렸다.

"탄금대에 진을 치셔야 하오…!"

"탄금대라…?"

탄금대는 문경새재와 달리 산지가 아닌 벌판인 곳이었다. 의아하게 여기는 신립에게 노인이 이어 말했다.

"어찌 험산 따위에 의지하여 싸우려 하십니까? 평야에서 적을 섬멸하는 것이 천하명장의 기개 아니겠습니까? 탄금대로 가셔야 합니다."

신립은 생각했다.

'이번 전투는 나라의 운을 건 싸움이니 반드시 이겨야 한다. 이 싸움 후엔 두 번 다시 호리병을 열지 않으리라.'

그렇게 결심한 신립은 좌우 부장을 불러 명했다.

"이곳의 진을 물리고 탄금대에 배수진을 치도록 하라."

그의 말에 휘하 장수들이 하나같이 그를 말렸으나 신립은 완고했다.

얼마 후 왜군이 탄금대에 도착했고 조선군은 그들과 격전을 벌이게 되었다. 그런데 노인의 말대로 하여 승리를 이끈 이전의 전투들과는 달리 전황이 불리하게 흘러가기 시작했다. 그때 신립 앞에 노인이 나타났다.

"네 이놈! 네놈이 나를 속였구나…!"

노인이 갑자기 가느단 목소리로 말했다.

"나를 버리고 떠나다니… 넌 죽어 마땅하다…"

그러더니 얼굴이 과거 불타 죽은 여인의 얼굴로 바뀌었다. 신립은 그제야 모든 것이 여인의 복수였음을 깨달았지만, 때는 이미 늦었다. 진형은 밀려 왜군들은 점점 더 가까이 다가왔다. 보다 못한 신립은 직접 활을 들어 왜군 장수를 겨냥하려고 하자 귀신이 신립의 화살을 부러트렸다.

"내 너를 살려 주었는데 은혜를 원수로 갚으려 하느냐…"

그러자 여인이 말했다.

"그 빚은 이미 니탕개의 목으로 갚았소."

그러더니 귀신은 몸을 날려 활을 쏘는 병졸들의 눈에 모래를 뿌려대며 방해했다. 허허 벌판에서 물을 등지고 포위당한 조선군은 죽기로 싸웠으나 결국 대패하여 전멸하게 되었다.

신립 또한 마지막 하나의 화살까지 모두 부러지자 남한강에 몸을 던져 스스로 목숨을 끊었다.

신립은 조선 중기의 무관으로 북방에서 야인들을 토벌하는데 큰 공을 세웠고 용맹하기로 이름이 높았다. 하지만 임진왜란 때 벌어진 탄금대 전투에서 좌우의 간언을 모두 물리치고, 험준한 지형인 조령 대신 벌판인 탄금대를 선택하여 불리한 싸움을 한 끝에 결국 패배하고 만다. 그가 왜 이런 선택을 했는지에 대한 의문이 예로부터 많았는지 많은 설화가 전해 내려온다.

조선이 탄금대에서 패배한 뒤 왜군은 빠르게 한양으로 진격했

고, 선조는 의주로 몽진(임금이 급박한 상황이나 난리를 만나 궁궐 밖으로 피

난하는 것을 말한다)을 하게 되었다. 바로 임진왜란의 시작이었다.

신립의 최후

신립은 패색이 짙어진 후에도 왜군들에 맞서 끝까지 용맹하게 싸웠다고 한다. 전해지는 이야기에 의하면 그는 한 절벽 위에 올라 최후에 이르기까지 적에게 활을 쏘았는데, 어찌나 쉼 없이 쏘았는지 활시위가 뜨거워져 더 이상 당길 수 없는 지경에까지 이르렀다고 한다.

그는 그때마다 절벽에서 내려와 강물에서 시위를 식혔는데 자그마치 아홉 번이나 반복하였다고 한다. 후세의 사람들은 그 절벽을 일컬어 '아홉 번을 오른 절벽'이란 뜻으로 '구초대九超臺'라 부르게 되었다고 한다.

신립과 조선의 군사들은 적에 맞서 끝까지 싸웠으나 이미 기울어진 전세는 뒤집을 수 없었고, 결국 신립은 강물에 몸을 던져 스스로 목숨을 끊었다. 때문에 그의 자손들은 신립의 시신을 수습하지 못했는데 이후 남한강의 어부 하나가 잉어의 뱃속에서 신립의 것으로 보이는 옥관자를 발견하였다.

당시 옥관자는 지체 높은 양반들만 착용하던 것이었고, 그것을 쓸 만큼의 지위를 가진 양반 중 그 강에 빠져 죽은 사람은 신립 밖에 없었기에 그의 자손들은 신립의 것으로 간주하였다. 그리고 후손들은 옥관자를 거두어 시신 대신 묘에 묻고는 그의 장사를 치렀다고 한다.

磨巖鐵串險　마암에다 철관 몹시 험난하거니

天設是負隅　천험인 이 탄금대서 산 등졌다네

九超將軍恨　아홉 번 뛴 장군의 한 서려 있거니

—《향산집》, 이만도

형수의 침에 맞아
미쳐 버린 조선의 임금

#수양대군 #현덕왕후 #권력앞에장사없다

죽음을 앞둔 세종에게는 크나큰 근심거리가 있었다. 바로 어린 손자의 앞날에 대한 걱정이었다. 아들 문종이 자신과 마찬가지로 병이 깊어 살날이 얼마 남지 않아 보였는데 그 뒤를 이을 손자의 나이가 이제 열 살 남짓밖에 되지 않았기 때문이었다.

그는 어린 손자가 야심 있는 숙부들 사이에서 어찌 왕위를 건사할까 하는 걱정에 편히 눈을 감을 수 없었다. 세종은 죽기 전 황보인, 김종서 등 대신들을 불러 말했다.

"세손을 잘 부탁하노라…"

그의 불길한 예감은 그대로 들어맞았다. 세종이 승하하시고 아들 문종이 뒤이어 숨을 거두자 열두 살 어린 나이의 단종이 왕위에 올랐다. 그러자 숙부인 수양대군이 야심을 드러내기 시작한 것이었다. 그는 형이 죽은 지 이년 만에 아버지의 유지를 받들어 조카를 보호하던 황보인, 김종서를 죽이고 단숨에 궁을 장악하였다. 바로 계유정난이었다.

궁을 장악한 수양대군은 거짓 어명으로 대신들을 입궐시킨 뒤 죽일 자와 살릴 자를 나누어 반대하는 이들을 가차 없이 숙청하기 시작했다. 그는 조금이라도 위협이 될 만한 자들이라면 서슴지 않고 죽여 후환을 없앴는데, 그 칼끝은 피붙이들도 피해가지 않았다.

그는 자신과 경쟁하던 동복동생 안평대군을 유배시킨 뒤 사약을 내려 죽이고 그의 아내를 노비로 강등시켰으며, 후에 같은 방식으로 다른 동생인 금성대군 또한 죽였다.

숱한 피를 뿌리며 왕좌에 올랐던 태종조차 동복형제만은 끝내 죽이지 않았었는데 수양대군에게는 그마저도 거리낄 것이 없었다.

심지어 그는 형 문종의 무덤에서 반대파들을 무참히 살해하기도 하였는데, 형의 아들을 보호하려고 한 자들의 피를 형의 무덤 위에 뿌리는 것이나 마찬가지였다.

수양대군은 권력에 대한 욕망 하나로 패륜을 일삼았으며 눈을 가리고 마구 칼춤을 추었다. 이때 얼마나 많은 이들이 죽었는지 그 피가 내를 이루고 온 도성에 피비린내가 진동할 정도였다고 한다.

백성들은 이런 참담한 광경을 보다 못해 재를 뿌려 피로 흥건한 길바닥을 가렸다. 이때 온 동네가 재로 가득하다 하여 '잿골'이라 불리게 되었고, 이를 한자로 옮기면서 현재 종로구 '재동'의 이름이 지어졌다는 이야기가 전해진다.

그렇게 반대하는 자들을 모두 죽인 수양대군은 끝내 조카를 왕좌에서 끌어내리고 스스로 왕위에 올랐다. 조선의 7대 임금 세조였다. 세조가 왕위에 오른 뒤 어느 날 그의 편에 가담했던 정창손이라는 대신이 급히 찾아와 아뢰었다.

"전하, 흉악한 무리들이 전하를 해하고 상왕을 복위시키려 하고 있습니다!"

이야기를 들어보니 그들은 명나라 사신의 초대연에서 세조를 제거하고자 하였는데, 갑자기 계획이 틀어지자 그중 한 명이었던 정찬손의 사위 김질이라는 자가 겁을 먹고 이를 밀고했다는 것이었다. 이 소식에 크게 노한 세조는 관련된 자들을 모조리 잡아들여 모질게 고문하고는 끝내 그들의 사지를 찢어 잔인하게 죽였다.

그런데 그중에는 단종의 모친 현덕왕후의 동생인 권자신이라는 자도 있었다. 세조는 더욱 분노하며 그 또한 극형에 처하고 현덕왕후의 신위를 종묘에서 내쳐 버렸다.

그렇게 사건은 마무리되었으나 세조는 불안한 마음을 떨칠 수 없었다.

'조카 놈이 살아 있으니 이놈들이 자꾸 헛된 일을 벌이려 드는 구나… 이참에 화근을 없애야겠다…!'

생각을 굳힌 그는 단종을 상왕에서 끌어내려 강원도 영월 땅에 유배를 보낸 뒤 결국 사약을 내려 죽였다. 끝내 조카를 죽임으로써 반란의 화근을 없애니 더 이상 그에게 대항할 자는 없는 듯 보였다.

그러던 어느 날 그가 침전에 들었는데 갑자기 방 안에 한차례 거센 바람이 불어 닥치더니 사방의 불이 일시에 꺼져 버렸다.

"게 없느냐?"

그는 기이하게 여기며 주변을 불러 보았으나 돌아오는 대답은 없었다. 바로 그때 방 바깥에서 웬 울음소리가 들려왔다.

"흑… 흑…"

소리는 점점 가까워 오더니 이내 방문에 누군가의 그림자가 비쳤다. 세조는 몹시 놀라 재빨리 주변을 더듬어 검을 집어 들었다.

"웬 놈이냐?"

그 순간 문이 벌컥 열렸다. 그는 단종의 어머니 현덕왕후였다.

'이게 어찌된 일이란 말인가…?'

오래전 죽은 형수가 눈앞에 나타나니 세조는 모골이 송연하였다. 현덕왕후는 그런 세조를 가만히 노려보더니 발을 떼어 점점 그에게 다가왔다. 세조는 급히 검을 빼어 왕후의 목을 겨누고는 소리쳤다.

"썩 물러가지 못할까!"

하지만 그녀는 아랑곳하지 않고 계속해서 그에게 다가왔다. 세조는 크게 검을 휘둘러 그녀의 목을 베었다. 하지만 검은 허공을 가를 뿐 그녀의 몸에 닿지 않았다. 왕후는 양볼에 시꺼먼 피눈물을 흘리며 세조를 흘겨 보더니 그의 몸에 침을 뱉고는 소리쳤다.

"상감을 왕위에서 끌어낸 것도 모자라 그 목숨까지 거두어야 했느냐? 네가 그러고도 무사할 성 싶으냐?"

세조는 두려움에 몸이 굳어 더 이상 아무것도 할 수 없었다. 왕후는 계속해서 그를 꾸짖었다.

"네가 죄 없는 내 아들을 죽였으니 네게도 똑같은 고통을 안겨주마…!"

그러더니 갑자기 세조를 향해 달려들었다.

"으아아악!"

세조가 놀라 정신을 차려 보니 한바탕 꿈이었다.

'이게 무슨 흉한 꿈이란 말인가?'

그때 급한 소식이 들려왔다.

"전하…! 전하…!"

"무슨 일이냐?"

"세자 저하가… 사경을 헤매고 있다 하옵니다…!"

세조는 몹시 섬뜩해하며 급히 어의를 보내 세자를 돌보게 하였다. 하지만 세자는 끝내 그 밤을 넘기지 못하고 숨을 거두었다.

무수한 사람들을 죽여온 그였지만 제 자식만큼은 끔찍이 사랑했기에 세조는 슬픔에 못 이겨 몸을 가누지 못했다. 그는 이내 간밤의 꿈을 생각하며 이를 갈았다.

"이 요망한 년을 가만두지 않을 것이다…!"

그러고는 좌우를 불러 엄히 명했다.

"여봐라… 소릉(현덕왕후의 옛 묘)을 당장 파헤쳐 버려라!"

세조는 형수의 묘를 파헤쳐 관을 부수고는 그 잔해를 강물에 흘려 보내 버렸다.

"어디 한 번 다시 나타나 보아라…!"

그런데 그날부터 그의 몸에 이상한 변화가 일어나기 시작했다. 종기들이 생겨나는 것이었다. 처음에는 가벼운 피부병으로 여겼으나 시간이 지나도 도무지 병이 나아질 기미가 보이지 않자 예사 병이 아님을 깨달았다. 그러고는 지난날 꾸었던 악몽이 떠올랐다. 종기가 나는 곳은 다름 아닌 현덕왕후가 침을 뱉은 자리였던 것이다.

'그러고도 무사할 성 싶으냐?'

종기는 점점 커지더니 이내 썩어 들어가기 시작했다. 세조는 온갖 약을 쓰고 이름난 온천을 찾아다니며 병을 씻어내고자 안간힘을 썼다. 하지만 증세는 그럴수록 더 심해져 갔다. 그렇게 꼼짝없이 고통에 신음하며 여러 날을 보내니 그는 끝내 몸져 눕게 되었다.

그런데 그뿐만이 아니었다. 어느 날부터인가 매일 밤 그의 꿈에 현덕왕후가 나타나기 시작한 것이었다.

"자식을 잃어 보니 마음이 어떻더냐?"

"써, 썩 꺼지지 못하겠느냐!"

하루도 빼놓지 않고 귀신이 나타나 그를 저주하니 세조는 악몽에 시달리다 못해 끝내 꿈이 두려워 잠을 이루지 못할 지경에 이르렀다. 하지만 그가 잠을 자지 않으니 현덕왕후는 그가 깨어 있을 때 나타나 저주를 퍼부었다.

"네 놈의 남은 자식은 어떻게 할까?"

"내가 잘못했다…! 한 번만 용서해 다오!"

환청과 환각에 시달리며 지옥과 같은 나날을 보내니 그의 낯빛은 점점 산송장처럼 변해 갔고, 예전 궁을 호령하던 모습은 온데간데없었다. 몸과 마음이 나날이 피폐해지니 그는 스스로 살날이 얼마 남지 않았음을 직감하고 신하들을 불러 말했다.

"세자를 잘 부탁하노라…"

그 말을 남기고 세상을 떠났다.

단종을 죽인 세조는 고통 속에서 숨을 거두었지만 현덕왕후의 저주는 끝나지 않았는지 세조의 뒤를 이어 왕위에 오른 예종은 즉위 일년 만에 갑작스럽게 사망하였다. 세조의 두 아들 모두 스물이 채 되지 못하고 요절하였다.

　또한 세조의 왕위 찬탈을 도왔던 자들의 말로도 좋지 않았다. 김종서를 죽이는 데 공을 세운 양정은 어느 날 술에 취해 홀린 듯 세조에게 양위를 권하다 참형을 당하였고, 계유정난의 주역으로 살생부를 만들었던 한명회는 훗날 관직에서 삭탈되어 모든 권세를 잃고 죽어서는 그 시신마저 꺼내져 목이 잘리기도 하였다.

　또한 사육신을 밀고했던 김질은 훗날 그의 후손 김자점이 역모를 꾀하다 처형되면서 그 집안이 처참하게 몰락하게 되었다.

　세조를 죽인 건 현덕왕후였을까? 아니면 세조 자신이었을까?

한명회의 뼈에서 나온 벌레

《어우야담(한국 최초의 야담집으로 조선 광해군 때 어우당 유몽인이 편찬한 설화집)》에는 한명회의 죽음과 관련하여 기이한 이야기가 실려 있다.

계유정난의 주역으로 큰 권세를 누린 한명회는 말년에 다리에 이유 모를 병을 얻어 고생하였다. 그런데 그 통증이 어찌나 심한지 한번 아프기 시작하면 몸을 가누지 못할 정도였다. 그래서 좋다는 약을 모두 써 보았으나 조금의 효과도 보지 못했다.

늙은 몸으로 매일같이 죽을 듯한 고통에 신음하니 한명회는 어느 날 참다못해 섬돌 위에 다리를 올려놓고 종에게 명했다.

"이 다리가 낫지 않으면 난 더 살 수가 없구나. 돌을 들어 내 정강이를 부수어라!"

종은 크게 놀라며 그를 말렸다.

"어찌 소인이 감히 그럴 수 있겠습니까?"

그러자 한명회가 활을 뽑아 종을 겨누었다.

"이놈! 어서하라고 하지 않느냐!"

종은 하는 수 없이 큰 돌을 찾아 머리 위까지 들어올렸다가 다리를 세차게 찍어 내렸다. 그러자 뼈가 짜개지는 둔탁한 소리와 함께 한명회의 정강이에서는 선지피와 골수가 흘러내렸다. 한명회는 거품을 물며 바닥에 쓰러졌고 그의 하인은 끔찍한 광경에 어쩔 줄을 몰라 했다. 그런데 기이한 일이 일어났다. 한명회의 부서진 뼛조각이 꿈틀거리는 것이었다.

"나리! 뼈 안에 무언가 있는 것 같습니다!"

한명회가 고통 속에서 자신의 다리를 보니 과연 뼈가 꿈틀거리고 있었다. 그는 덜덜 떨리는 손으로 부서진 뼈 사이를 뒤적였다. 그때 뼛조각 사이로 웬 손가락만한 벌레 한 마리가 튀어나왔다. 피를 뒤집어 쓴 벌레는 손가락이 닿자 몸을 뒤틀어 재빨리 담벼락 쪽으로 기어갔다.

"저걸 당장 잡아라!"

한명회가 급히 외치자 하인 여럿이 벌레를 쫓아 담을 넘기 전 잡았다. 그것은 손가락만한 벌레였는데 누구도 본 적이 없는 형태였다. 한명회는 끔찍한 표정을 지으며 다리에서 피가 흘러내리는 것도 잊고 외쳤다.

"이놈 때문에 내가 이리 고생을 한 것이다. 당장 놈을 저 돌로 찍어 죽여라!"

하인들은 한명회에게 했던 것처럼 돌을 들어올려 벌레를 찍어도 벌레는 죽지 않았다. 그러자 한명회는 화가 나 더욱 소리쳤다.

"오냐. 온몸이 불타도 죽지 않는지 보자."

하인들이 명에 따라 불에 태우고자 하였으나 벌레는 여전히 죽지 않았다. 하지만 고통에 겨운 듯 여섯 개의 다리를 휘적휘적하면서 움찔거렸다. 그렇게 기름이 다 탈 때쯤 벌레가 꿈틀거리며 죽어가기 시작했다.

"대감! 놈이 마침내 죽어가기 시작했습니다!"

벌레는 배를 뒤집고 까맣게 타들어가기 시작했다.

"으아아아!"

그때 갑자기 쿵 소리가 나서 뒤를 돌아보니 한명회가 바닥에 쓰러져 있었다. 급히 그의 목을 짚어 보니 이미 숨이 끊어져 있었다. 정체불명의 벌레가 죽자 한명회의 숨도 함께 끊어져 버린 것이다.

한명회의 뼈에 숨어 있던 벌레의 정체는 무엇이었을까?

호랑이의 살생부

#호랑이 #살생부 #노승의정체

　조선 중기 광해군이 다스리던 때 웬 허름한 차림의 걸인이 길을 지나다 문득 한 재상의 집 앞에 멈춰 걸음을 멈추더니 담벼락 너머를 보는 듯 중얼거렸다.

　"장차 크게 될 인물인데 이리 일찍 죽게 되다니… 참으로 안타깝구나…"

　그 같은 기이한 말을 들은 집안의 하인은 곧바로 주인에게 알렸다. 그러자 재상 또한 이를 꺼림칙하게 여겨 그를 불러들이도록 했다.

잠시 후 들어온 걸인은 그 차림새가 남루하기 짝이 없었는데 삿갓 아래 보이는 두 눈만큼은 별처럼 반짝였다. 그가 예사 인물이 아닌 것을 알아본 재상은 대청에서 내려와 예를 갖추며 물었다.

"선생께서 신묘한 말씀을 하셨다 하는데 그 의미를 알려 주시지요."

그러자 걸인이 말했다.

"천기를 누설해서는 안 되나 대감께서 이리 대해 주시니 사실대로 말할 수밖에요. 이 집의 열 살 난 아드님이 곧 요절을 면치 못하실 겝니다."

재상은 몹시 놀랐다. 애지중지 기른 어린 아들이 곧 죽는다 하니 마른하늘에 날벼락 같은 소리가 아닐 수 없었다. 또 처음 본 거지가 어찌 자신에게 아들이 있는 것을 알고 그 나이까지 꿰뚫어 보았는지 신통하게 여겨 그의 말을 쉬이 여길 수만은 없었다.

"그렇다면 그 액에서 벗어날 수 있습니까?"

"대감의 친척 중 신묘함을 갖춘 사람이 있지 않습니까? 오늘 밤 그 분에게 아이를 맡기도록 하십시오."

그 말만 남긴 채 걸인은 등을 돌려 집을 떠나려 하였다. 재상이 붙들어 보았으나 그는 짧게 대답할 뿐이었다.

"이미 답은 드렸습니다."

"친척 중 신묘함을 갖춘 자라…"

걸인이 떠난 뒤 대감이 그의 말을 생각해 보니 과연 떠오르는 자가 하나 있었다.

　바로 평안감사 박엽이었다. 목천 사람 박엽은 어려서부터 총명하고 담력이 남달랐는데 벼슬에 오른 뒤에는 통달에 이른 용병술과 점복술로 더욱 이름을 떨치고 있었다.

　그는 북변에 부임한 뒤 신출귀몰한 재주로 오랑캐들의 두려움의 대상이 되었는데 그 수완이 어찌나 귀신같은지 적의 동정을 손바닥에 놓고 들여다보듯 하였다. 한 번은 적장의 투구를 몰래 가져다 장식하여 돌려주는 일도 있었다. 그의 신묘함이 이리 대단하니 적들은 그를 '신'이라 부르며 감히 대항하지 못하였다. 또한 한양과 목천을 걸어서 수 식경에 주파하는 등 그 신묘함이 두루 대단하였다.

　재상은 걸인이 이른 사람이 박엽임을 깨닫고 서둘러 아들을 데리고 길을 떠났다. 이윽고 평안감영에 이르니 박엽은 이미 재상이 오기를 알고 있기라도 한 듯 대청에 나와 그들을 기다리고 있었다. 재상이 박엽에게 있었던 일을 설명하니 별 말 없이 허락하였다.

　박엽은 며칠간 아무것도 하지 않고 아이를 내버려 두었다. 그러던 어느 날 한밤중에 갑자기 아이를 깨우더니 말했다.

　"걸인이 말한 날이 오늘이니라. 네가 하기에 따라 액을 피할 수도, 그러지 못할 수도 있으니 지금부터 내가 하는 말을 잘 들어야 한다. 알겠느냐?"

아이가 그러겠다 하자 박엽은 웬 노새 하나를 끌고 왔다.

"이 노새를 타고 놈이 가는 대로 내버려 두면 한 골짜기에 이르러 걸음을 멈출 것이다. 그곳에서 내려 가던 길로 걸어 들어가면 한 폐사(낡고 허름한 절)에 이를 것인데, 그곳 사랑방에 들어가 바닥에 놓인 것을 덮어 쓰거라. 새벽닭이 울기 전에 그것을 벗지 않으면 넌 무사할 수 있을 게다."

그러고는 허리춤에서 단도 하나를 풀어 건네며 덧붙였다.

"명심하거라. 절대 그것을 벗지 말아야 한다. 만약 그러기 어려워지면 이것을 쓰도록 해라."

"분부대로 하겠습니다."

아이가 등에 올라타니 노새는 곧바로 달리기 시작했다. 어찌나 빠른지 귓가에 바람 소리만 들려올 뿐 주변에 지나가는 숲이 눈에 들어오지 않을 정도였다. 노새는 그렇게 언덕을 넘고 또 넘어 한참 산길을 달리다 한 골짜기에 이르러 발걸음을 멈췄다.

아이가 내려서 길을 따라 숲을 걸어 들어가니 과연 폐사 하나가 있었는데, 덩굴이 지붕에까지 엉기고 여기저기 무너져 있는 것이 사람의 손이 닿지 않은지 족히 수십 년은 되어 보였다. 또한 사람의 기척이라곤 하나도 없고 절을 둘러싼 수풀에서 들짐승의 울음소리가 들려올 뿐이니 여간 을씨년스러운 것이 아니었다. 아이는 조심스레 뜰을 지나 사랑채에 들어가 보았다.

그 안을 보니 먼지가 자욱한 아랫목에 과연 무엇인가가 펼쳐져 있었다. 아이는 그것을 들어올려 뚫린 창문 사이로 달빛에 비추어

보았다. 바로 그때 방 바깥에서 문이 열리는 소리가 들려왔다.

끼이이익…

아이가 소리에 놀라 손에 쥔 것을 놓고 문틈 사이로 대문 쪽을 바라보니 웬 험상궂은 노승 하나가 뚜벅뚜벅 사랑 쪽으로 걸어 들어오고 있었다. 그런데 생김새는 분명 사람인데도 무언가 사람이 아닌 듯한 것이 자못 소름 돋는 데가 있었다.

'사랑에 들어가 바닥에 놓인 것을 덮어 쓰거라. 새벽닭이 울기 전에 그것을 벗지 않으면 넌 무사할 수 있을 게다.'

아이는 박엽의 말을 상기하고는 급히 거적을 덮어 쓰고 자리에 죽은 듯 누웠다. 노승의 발소리는 점점 사랑채에 가까워지더니 이윽고 아이가 있는 방문이 벌컥 열렸다.

"어찌 그 안에 누워 있느냐?"

아이는 온몸의 털이 곤두서는 듯하였다. 하지만 입을 틀어막고 아무런 대꾸도 하지 않았다. 그러자 노승은 놋그릇이 깨지는 듯한 목소리로 소리쳤다.

"어찌 그 안에 누워 있느냐 물었다!"

아이는 두려움에 숨이 막히는 듯하였으나 박엽의 말을 되뇌며 덜덜 떨리는 손으로 거적을 꽉 붙들었다. 그러자 노승이 다가오는 소리가 들려왔다. 소리는 점점 가까워져 금세 지척의 거리에까지 이르렀다. 그러고는 우악스러운 손이 거적을 움켜쥐었다. 아이는 급히 허리춤에 묶은 단검을 뽑아 그 손을 향해 휘둘렀다.

"썩 물러나라!"

그러자 노승이 몹시 놀라며 재빨리 손을 빼더니 한동안 소리를 내지 않았다. 아이는 노승이 사라졌나 싶어 거적을 살짝 들춰 보았다. 그런데 거적 사이로 부릅뜬 노승의 고리눈이 그를 노려보고 있었다.

"지금이라도 그것을 순순히 넘긴다면 목숨만은 살려 주겠다."

노승이 다시 한 번 으름장을 놓자 아이는 등줄기가 서늘해지는 것을 느끼며 단도와 거적을 더욱더 꽉 움켜쥐었다. 그러자 노승이 이어 말했다.

"네놈 하는 짓을 보니 박엽이 시킨 것이 분명하구나. 놈의 말을 믿다 죽은 자의 해골이 뒤뜰에 산더미처럼 쌓여 있거늘 두 눈을 멀쩡히 뜨고도 보지 못하였느냐?"

그러고는 몸을 잠시 비키더니 문 사이로 뒤뜰을 보였다. 그곳에는 들어올 때는 미처 보지 못했던 사람의 뼈가 산더미처럼 쌓여 있었다.

"닭이 울기 전에 그것을 넘기지 않으면 네놈 또한 저기에 묻히게 될 것이다!"

노승이 다시 몸을 낮추어 면전에 으름장을 놓으니 아이는 두려움에 정신이 혼미하고 눈앞이 캄캄하였다. 하지만 이내 박엽의 말을 되뇌며 다시 한 번 단도를 휘둘렀다.

"물러나라 하였다!"

그때 멀리서 새벽닭이 우는 소리가 들려왔다. 아이는 두 눈을 꼭 감았다. 그때 거죽 밖에서 노승이 탄식하는 소리가 들려왔다.

"박엽이 벌인 일이니 별수 있겠는가?"

노승은 노기가 걷힌 목소리로 아이에게 말했다.

"이제 괜찮으니 그것을 내게 다오."

그제야 아이가 몸을 일으켜 노승을 올려다보니 조금 전의 포악함은 온데간데없었다. 아이는 의심을 거두고 거적을 걷어 노승에게 건네주었는데 거적은 호랑이의 가죽이었다. 노승은 가죽을 받고는 말했다.

"위아래 옷을 벗어 내게 주어라."

아이가 시키는 대로 하니 노승은 그 옷가지를 가지고 사랑을 나가며 말했다.

"여기서 기다리거라."

그러고는 문을 닫았다. 그러자 이내 밖에서 범이 크게 포효하는 소리가 들려왔다. 아이가 놀라 문 틈새로 밖을 살펴보니 커다란 범 한 마리가 아이의 옷가지를 찢어발기고 있었다. 옷가지가 끝내 형체도 알아볼 수 없게 변하자 놈은 몸을 일으키더니 가죽을 벗었다. 그는 노승이었다.

노승은 다시 방에 들어와 아이에게 새 옷을 건네주어 입게 하고는 품에서 두루마리 하나를 꺼내어 펼쳤다. 그것엔 사람들의 이름이 빽빽이 적혀 있었는데, 그중 아이의 이름도 있었다. 노승은 붓을 꺼내 아이의 이름 옆에 붉은 점을 찍더니,

"박엽에게 이르거라. 더 이상 천기를 누설해서는 안 된다고."

그러고는 기름 먹인 종이 한 조각을 건네었다.

"이제 가도 좋다. 넌 더 이상 범에게 해를 입지 않을 것이다. 혹여나 돌아가는 길에 범이 달려 들거든 이 종이를 보이거라."

아이는 그 말을 듣고 급히 폐사를 나섰다. 산길을 따라 노새가 있는 곳을 향해 홀로 내려가는데 수시로 호랑이가 나타나 그를 물어뜯으려 하였다. 하지만 그때마다 종잇조각을 보여 주니 모두 말없이 돌아갔다.

그런데 골짜기 아래에 다 이를 쯤이 되어 나타난 호랑이 한 마리는 종이를 보고도 길을 비켜 주지 않았다. 아이는 두려움을 감추고 범에게 말했다.

"그리도 나를 잡아먹고 싶다면 골짜기 안의 절로 가 노스님의 판결을 받아 보자!"

아이가 그리 말하니 범도 알겠다는 듯이 고개를 끄덕이고는 절로 향했다. 잠시 후 절에 도착하자 노승은 돌아온 아이를 보고 의아해하다 함께 온 범을 보고 낯빛을 바꾸었다.

"어찌된 일로 온 것이냐?"

노승이 범에게 엄하게 묻자 범이 아뢰었다.

"명이 엄한 것은 잘 알지만 사정을 좀 봐 주시지요. 며칠째 아무것도 먹지 못해 뱃가죽이 등에 들러붙을 지경입니다."

그러자 노승이 하는 수 없다는 듯 동쪽을 가리키며 말했다.

"그렇다면 어쩔 수 없구나… 다만 이 아이를 잡아먹는 것은 곤란하구나. 이곳에서 동쪽으로 조금 가면 전립을 쓴 자 하나가 있을 것이니 어서 가 보거라."

호랑이는 말이 끝나기도 전에 노승이 가리킨 쪽을 향해 번개처럼 달려갔다. 아이는 자신 때문에 애꿎은 사람이 죽게 된 것에 마음이 몹시 편하지 않았다.

"스님, 어찌 저 대신 무고한 사람을 죽이시는지요…"

탕!

그때 수풀에서 큰 포성이 울리더니 산의 날짐승들이 이리저리 하늘로 흩어졌다. 노승이 웃으며 말했다.

"방금 놈에게 알려준 전립 쓴 자는 포수였다. 명을 따르지 않으니 죽을 수밖에…"

그러고는 말없이 절 안으로 돌아갔다.

아이가 무사히 노새를 타고 돌아가 박엽에게 그간 있던 일을 아뢰니 그는 가만히 고개를 끄덕이고는 재상의 집으로 보내주었다.

그 후 그 아이는 과연 요절하지 않고 천수를 누리게 되었고 더불어 훗날 높은 자리에 올랐다고 한다.

노승의 정체는 대체 무엇이었을까?

극락의 문이 열리는 사찰

#김자점 #지네 #이무기

조선 중기 김씨 성을 가진 양반이 있었다. 그는 어려서부터 기골이 장대하고 담력이 좋았는데 머리까지 총명하니 집안사람들의 기대를 한 몸에 받았다. 그도 그럴 것이 그의 집안은 과거 고위 관료 여럿을 배출한 명문가였으나 그가 태어날 때쯤엔 몰락하여 한직에라도 벼슬에 든 자가 없었기 때문이다.

그는 집안을 일으키겠다는 일념으로 어린 나이부터 농사일과 공부를 동시에 하면서도 단 하루도 공부를 게을리 하지 않았다. 그렇게 주경야독하기를 몇 년 마침내 과거에 급제하게 되었다.

"내 반드시 출세하여 집안을 부흥케 하리라."

그는 벼슬에 오른 뒤 일의 크고 작음을 가리지 않고 항상 맡은 바를 성실하게 임했다. 타고난 재주에 성심까지 더하니 곧 순탄한 출셋길로 이어졌고 날이 갈수록 높은 자리에 오르게 되었다. 그가 높은 자리에 오를수록 그의 집안도 옛 명성을 점차 되찾아갔고 그렇게 그의 염원은 이루어진 듯 보였다. 하지만 얻는 것이 많아질수록 욕망은 커지는 법, 그의 욕망은 커져만 갔고 얻고 또 얻어도 좀처럼 만족을 하지 못했다.

그러던 중 전라도 낙안 땅의 군수로 부임하게 되었다. 그의 욕심에는 차지 않았으나 작지 않은 고을이니 만큼 열심히 일하기로 마음먹었다.

부임한 첫날이 마침 섣달그믐이었는데, 그는 아전들을 거느리고 고을 시찰에 나서 고을의 이곳저곳을 돌며 민심을 살피고 있었다. 그런데 유시(오후 5시~7시) 쯤에 이르러 마을 밖에서 기이한 소리가 들려왔다. 여러 명이 불경을 읊는 소리였는데 그 목소리가 기괴하기 짝이 없었다. 그가 아전을 불러 물었다.

"이 소리가 도대체 어디서 나는 것인가?"

아전이 아뢰었다.

"고을 뒷산 꼭대기에 절이 하나 있는데 그곳의 승려들은 매년 섣달그믐마다 저들끼리 기이한 행사를 하곤 합니다. 오늘도 저 소리가 나는 것을 보니 행사가 막 시작된 모양입니다."

"기이한 행사라니 그게 무엇인가?"

아전이 잠시 머뭇거리더니 그의 눈치를 살피며 말했다.

"소문에 따르면 저 사찰에서는 매년 승려 한 명을 극락에 올려 보낸다 합니다."

그가 어이없다는 듯 말했다.

"죽어서 극락에 간다는 말은 들어봤어도 살아서 간다는 말은 또 처음 듣는구나. 저들이 저 행사를 한 지는 얼마나 되었는가?"

"삼십여 년 정도 된 것으로 알고 있습니다."

이를 들은 그가 혀를 끌끌 차며 말했다.

"고을의 양민들이 저런 허황된 말에 현혹될까 심히 걱정되는구나."

그러고는 잠시 생각하더니 말고삐를 잡으며 말했다.

"아무래도 내 직접 저 곳에 가 봐야겠다."

그가 무리를 이끌고 산에 올라 절에 이르니 기이하게도 아까 들려오던 불경소리만 들릴 뿐 절 안에 사람이 보이지 않았다. 그는 소리를 따라 대웅전 뒤편으로 가 보았다. 그곳에는 가파른 절벽이 있었는데 그 앞으로 높다란 제단이 세워져 있었다.

수십 명의 승려들은 제단을 둘러싸고 앉아 괴상한 불경을 외고 있었다. 그는 기이한 광경에 그들을 꾸짖으러 온 것도 잊어버리고 넋을 잃은 듯 의식을 바라보았다.

조금 후 몇몇 승려들이 자리에서 일어나더니 검은 장삼을 두른 노승 하나를 안아 올려 제단 위로 올라갔다. 노승은 편안하게 하늘을 응시하고 있었는데, 얼굴에 조금의 근심이나 두려움도 보이지 않았다. 어찌나 평온해 보이는지 그 모습이 마치 해탈한 성자와도 같았다. 승려들은 노승을 제단에 올려놓은 뒤 다시 내려와 의식을 계속했다.

얼마나 지났을까, 해가 질 무렵이 되자 의식이 끝났는지 승려들은 불경 외우길 멈추고 하나둘씩 일어나 자리를 떠나기 시작했다. 오직 제단 위 노승만이 가만히 앉아 있을 뿐이었다. 그는 막상 의식을 직접 보니 소문이 진짜일 수도 있겠다는 생각이 들어 흩어지는 승려들 중 주지로 보이는 자에게 물었다.

"저 노인은 언제 하늘로 올라가느냐?"

주지는 그의 차림을 보고 누구인지를 알아봤는지 길게 읍하여 절하고는 가만히 미소를 띠며 말했다.

"그 모습은 볼 수도 없고 보려 해서도 안 됩니다. 분수 넘치는 행동은 하늘의 노여움을 살 뿐입니다."

주지는 그렇게 대답하고는 다른 승려들과 함께 절 안으로 들어가 버렸다. 그때 아전이 말했다.

"나리, 날이 곧 저무니 그만 돌아가시지요. 저들끼리 숨어 하는 헛된 행사이니 양민들에게 해를 끼치는 일은 없을 것입니다."

하지만 그는 노승의 평온한 얼굴이 머릿속에서 지워지지 않았다. 좀처럼 발걸음을 떼지 못하다가 이내 말했다.

"내 확인할 것이 있으니 오늘은 이곳에서 머물다 가겠다. 너희들은 먼저 내려가거라."

이 말에 아전이 그를 여러 번 만류했으나 그는 완고했고 하는 수 없이 그를 남기고 산 밑으로 내려갔다.

그는 일행을 보낸 뒤 텅 빈 절간을 가로질러 제단이 있는 곳으로 다시 가 보았다. 노승은 아까 자리 잡은 그대로 가부좌를 틀고 앉아 있었는데 추위를 느끼지도 않는지 작은 움직임 하나 보이지 않았다. 그는 기이해 하며 근처 수풀에 몸을 숨기고 노승이 극락에 올라가기를 기다렸다.

밤이 깊어지고 자정이 지날 때쯤 별안간 세찬 바람이 불더니 절벽 위 대나무 숲이 흔들리기 시작했다. 그러고는 그 속에서 기이한 소리가 들려왔다. 갑자기 들려오는 소름끼치는 소리에 그는 온몸의 털이 곤두서는 것을 느꼈다. 자세히 보려 숲 안을 들여다보니 희미한 두 개의 붉은 빛이 다가오는 것이 보였다. 그 소리의 주인은 점점 가까워 오더니 이내 대나무 숲을 비집고 그 모습을 드러냈다.

그것은 머리가 절구통만한 커다란 구렁이였다. 놈은 거칠게 갈라진 피부와 번들거리는 붉은 눈을 가지고 있었는데 담력이 좋기로 이름난 그였지만, 놈을 보는 것만으로도 두려움에 온몸이 굳는 듯하였다. 그는 숨소리조차 내지 못하고 가만히 지켜보았다.

놈은 대나무 숲 밖으로 머리를 모두 꺼내고는 제단에 다가갔다. 노승은 뒤에 무엇이 있는지 돌아볼 생각도 없는지 여전히 평온한 표정을 짓고 있을 뿐이었다. 바로 그때 구렁이가 아가리를 벌리더니 한 입에 노승을 삼켰다.

노승은 비명을 지를 새도 없이 놈의 입 속으로 들어갔고 조금 후 노승의 몸뚱이가 목구멍을 통해 내려가는 끔찍한 소리가 들려왔다. 구렁이는 노승을 삼킨 뒤 다시 대나무 숲으로 머리를 집어넣더니 사라져 버렸다. 그는 그제야 몸을 일으켜 죽을힘을 다해 산 밑으로 내달렸다.

다음 날 이른 새벽 그가 관리들을 불러 명했다.

"관아의 모든 군졸들과 고을의 날랜 장정들을 불러 모아라."

그는 개운산 일대를 샅샅이 수색해 괴수를 찾아 죽일 요량이었다.

'산이 작으니 놈이 숨을 만한 곳이 그리 많지 않을 것이다…'

관리들은 영문을 몰라 어리둥절하였으나 명이 엄하여 따를 수밖에 없었다. 관리들이 관아를 떠나려 하는데 관아의 정문 쪽에서 소란이 일어났다.

"…나리를 뵙게 해 주시오…!"

"웬 소란이냐?"

아전이 달려와 아뢰었다.

"웬 늙은이가 찾아와 나리를 봬야 한다며 억지를 쓰기에 쫓아내는 중이었습니다."

이를 들은 그가 의아해하며 노인을 데려오도록 명하였다. 그는 거지차림을 한 노인이었는데 푸른빛을 띠는 기이한 눈동자를 가지고 있었다. 노인은 그를 보자마자 섬뜩한 눈을 부릅뜨며 말했다.

"나리의 목숨을 구하려 왔습니다."

"그게 무슨 소리냐?"

"절대로 놈을 죽여서는 안 됩니다."

구렁이를 찾아 죽이려 하던 차에 노인이 그렇게 말하니 그는 속으로 섬뜩하였다. 하지만 이내 아무렇지 않은 듯 노인을 꾸짖었다.

"이 미친 늙은이가 아침부터 망령된 소리를 지껄이는구나. 여봐라, 당장 이놈을 옥에 가두거라."

포졸들은 거칠게 노인을 붙잡고 옥으로 데려가려 했지만 노인은 끌려가면서도 소리치기를 멈추지 않았다.

"절대로 죽여서는 안 됩니다… 절대로 놈을 죽여서는 안 됩니다!"

그는 괴수에 대해 무언가 알고 있는 듯한 노인의 말이 마음에 걸려 밤이 깊어지자 은밀히 노인이 갇힌 옥으로 가 보았다. 그는 옥졸들을 물리고 노인에게 다가가 물었다.

"낮에 하려던 이야기를 자세히 해 보거라."

그러자 노인이 그에게로 가까이 다가와 말했다.

"소인은 개운산의 땅꾼으로 어제 산에 올라갔다 우연히 나리께서 절에 들어가시는 것을 보았습니다. 시간이 지나 다른 이들이 모두 돌아감에도 홀로 나오시지 않는 것을 보고 이렇게 찾아온 것입니다. 혹시… 대웅전 뒤 대나무 숲에서 무언가를 보셨습니까?"

노인이 모두 알고 있는 듯해 그는 사실대로 말했다.

"웬 흉측한 구렁이가 그 숲에서 나와 노승을 잡아먹는 것을 보았다. 그 괴수에 대해 아는 것이 있느냐?"

노인이 말했다.

"저는 평생을 산에서 보내며 온갖 것들을 보아왔기에 제법 짐승을 구별할 줄 압니다. 놈은 구렁이가 아니라 이무기입니다. 나리, 절대 놈을 죽여서는 안 됩니다."

"놈이 산에서 내려오기라도 하는 날엔 고을이 쑥대밭으로 변할 것이 뻔한데 구렁이든 이무기든 뭐가 중요하다는 것이냐?"

그러자 노인이 크게 한숨을 쉬며 말했다.

"놈이 중들을 해한 것은 용이 되기 전 악한 자 백 명을 잡아먹어야 하기 때문입니다. 그 이상의 해는 끼칠 일은 없을 것이니 고을에 내려올 일은 없을 겝니다."

이에 그가 꾸짖으며 말했다.

"중들의 허물이라 해 봐야 욕망에 못 이겨 헛된 말을 믿은 어리석음뿐일 진데 어찌 죽도록 내버려두란 말이냐?"

그러자 노인이 푸른 눈을 부릅뜨며 말했다.

"놈을 억지로 찾아 죽이려 든다면 이 땅에 더욱 수많은 피를 뿌리게 될 것입니다."

"그게 무슨 말이냐?"

"놈은 신귀하여 가죽에 창칼이 들시 않으니 군사를 휘몰아 놈에게 달려든다면 상처 하나 입히지 못하는 것은 물론 무고한 병졸들만 죽어 나갈 것입니다."

그러자 그가 성을 내며 물었다.

"놈이 아무리 신귀한들 사람을 다스릴 짐승 따위가 있을 리 만무하거늘 어찌 놈을 죽일 수 있는 방법이 없다는 말이냐?"

그러자 노인이 말했다.

"방법이 아예 없는 것은 아니나 없는 것이나 마찬가지입니다."

"그건 또 무슨 소리냐?"

"소인도 놈과 딱 한 번 마주친 적이 있는데 남령초(남쪽에서 온 신령스러운 풀로 담배를 말한다)를 태우니 더는 가까이 오지 못했습니다. 냄새만 맡아도 그토록 몸서리를 치는 것을 보건대 직접 먹이기만 하면 놈을 죽일 수도 있을 것 같습니다. 하지만 놈이 순순히 그것을 삼킬 리 없으니 방법이 없는 것이나 마찬가지라는 말씀입니다. 또한…"

노인은 갑자기 말꼬리를 흐리더니 말하기를 망설였다.

"또한 무엇 말이냐? 어서 말하지 못할까!"

그의 다그침에 노인이 이내 입을 떼었다.

"예로부터 이무기를 죽인 자는 반드시 역모를 일으킨다 하였습니다."

"역모라니?"

"이무기는 평소 깊은 물에 숨어 살다 세상이 어지러워질 때가 오면 그 모습을 드러냅니다. 영웅이 나타나 그 이무기를 죽이면 그 사람은 새 왕조를 일으키게 됩니다. 허나, 지금은 때가 아닙니다. 썩을 대로 썩어 힘이 다했던 고려와는 달리 이 나라는 아직 그 덕과 힘이 다하지 않았으니 이무기를 죽여 역모를 꾀하게 된다면 반드시 많은 피를 흘리게 될 것입니다."

노인은 그에게 애걸하듯 청했다.

"나리, 절대로 놈을 죽여서는 안 됩니다."

그는 가만히 무언가를 생각하더니 대뜸 성을 내며 소리쳤다.

"어디서 그런 망령된 소리를 지껄이는 것이냐? 날이 밝는 대로 군령을 어지럽힌 네 죄를 중하게 물을 것이다."

그러고는 소매를 떨치고 옥을 떠났다.

'역모를 일으킨다 함은… 왕이 될 수 있다는 뜻이 아닌가?'

집에 돌아온 그는 잠에 들지 못하고 한참을 고민하였다. 그러다 다시 몸을 일으켜 옥으로 향했다. 그러고는 옥사에 횃불을 던졌다. 불은 순식간에 옥사를 휘감았고 이내 옥에 갇혀 있던 이들의 고통스러운 비명 소리가 들려왔다. 그는 이 소리를 외면하고 발길을 돌려 집으로 향했다.

다음 날 그가 관아에 도착하니 옥사 근처에 사람들이 몰려 어수선 거리고 있었다. 그를 본 아전이 달려와 아뢰었다.

"간밤의 화재로 옥사가 모두 불타버렸는데 불길이 어찌나 거셌는지 그 안에 있던 죄수들의 시체를 알아볼 수 없을 지경입니다."

그가 태연히 대답했다.

"그런 일이 있었느냐? 소란스럽지 않게 잘 수습하라."

그는 그날부터 오래된 곰방대를 모으기 시작했다. 오래된 곰방대라면 먼 곳 가까운 곳을 가리지 않고 찾아가 모두 거두어들였고, 그렇게 꼬박 일년을 모으니 그간 모은 곰방대가 마당을 가득 메울 정도에 이르렀다.

정초가 다가오니 그는 그동안 모은 곰방대들을 모두 부수어 그 안에 있는 담뱃진을 긁어모았다. 그러고는 그것을 사람의 형태로 빚고 겉을 종이로 감싸 옷을 입혀 놓으니 얼핏 보면 사람의 형체처럼 보였다. 섣달 그믐날 그는 홀로 개운산의 절로 향했다. 그는 절에 도착하자마자 주지를 불렀다.

"나리, 그간 안녕하셨습니까."

그는 주지의 인사에 대꾸도 하지 않고 대뜸 말했다.

"올해는 내가 극락에 올라가야겠다."

이런 난데없는 소리에 주지가 난색을 보였다.

"한 해에 극락에 갈 수 있는 자는 오직 한 사람입니다. 소승들도 순서를 정하여 나이가 많은 차례로 올라가고 있습니다…"

그가 더는 듣지 않고 소리쳤다.

"닥쳐라! 네놈이 감히 내 말에 토를 다는 것이냐? 명을 따르지 않는다면 이 절간을 부수고 네놈들을 모조리 끌어낼 것이다!"

그가 그렇게 나오니 주지도 더는 그의 뜻을 거스르지 못하고 의식을 준비하였다. 의식이 끝난 뒤 모든 승려들이 건물 안으로 들어가자 그는 미리 준비해 두었던 인형을 꺼내어 제단 위에 올려놓고는 풀숲에 숨어 이무기가 나타나기만을 기다렸다.

얼마나 지났을까, 자정이 조금 지나니 작년과 같이 대나무 숲 사이로 소름끼치는 소리가 흘러나오기 시작했다. 이어 이무기가 그 모습을 드러내더니 아가리를 벌려 인형을 한 입에 삼키고 숲에 머리를 다시 집어넣으려 하였다. 그런데 돌연 움직임을 멈추더니 입에서 검은 피를 뿜어내기 시작했다.

놈은 이내 고통에 찬 괴성과 함께 제단 밑으로 떨어지더니 온몸을 비틀며 대웅전 뒷문을 부수고 그 안으로 들어가 버렸다. 그가 놈을 따라 법당 안으로 들어가 보니 이무기는 그간 먹은 것들을 모조리 토해내고 있었다. 놈의 아가리에서는 썩은 시체들과 해골이 쉴 없이 쏟아져 나와 온 바닥을 까맣게 물들였다. 놈은 먹은 것을 다 토해내더니 더 이상 몸을 가누지 못하고 그대로 쓰러져 버렸다.

'…되었다…!'

그는 가까이 다가가 놈의 숨이 완전히 끊어지기를 기다렸다. 그때 부서진 문 사이로 거대한 지네 한 마리가 기어들어 왔다.

스… 스……

대웅전에 들어온 지네는 단번에 이무기의 머리를 물더니 그대로 씹어 부수어 버렸다. 그러고는 이무기를 통째로 삼키기 시작했다. 계획이 틀어진 것도 틀어진 것이지만 또 다른 끔찍한 괴수가 눈앞에 나타나니 그는 두려움에 몸이 굳어 손끝 하나 움직일 수 없었다.

어쩔 줄 몰라 하며 지네의 움직임을 살피고 있는데 지네가 고개를 돌려 그를 바라보았다. 그런데 지네는 어디서 본 듯한 푸른 눈을 가지고 있었다.

"흐흐흐흐흐… 잘해 주었구나…!"

그제야 모든 것이 이해된 그가 지네를 보며 소리쳤다.

"너는… 지난해 나를 찾아온 늙은이로구나. 잘도 나를 속였겠다…!"

지네가 한참을 웃더니 말했다.

"이 땅에는 천년에 한 번, 오직 하나의 이무기만이 용이 되어 승천할 수 있다. 놈이 강하여 나홀로 대항할 수 없으니 어쩔 수 없지 않느냐?"

그는 허망하여 하늘이 무너진 듯하였다. 그때 지네가 말했다.

"너무 아쉬워는 말거라. 네 덕에 이무기를 삼키고 몇 백 년을 벌었으니, 마땅히 너에게 보답을 할 것이다…"

그가 물었다.

"무슨 보답을 해 줄 수 있다는 말이냐?"

"지난해 내가 말한 것 중 아직 때가 아니라는 것은 사실이었다. 너를 왕으로 만들어 주지는 못해도 너의 자손을 왕으로 세워 집안을 왕가로 만들어줄 수 있다. 내일 자정 네 아비의 관을 짊어지고 대나무 숲으로 오너라."

지네는 그렇게 말하더니 대웅전 밖으로 사라져 버렸다.

'아버님의 관을…?'

그때 이무기의 포효하는 소리에 잠에서 깼는지 승려들이 하나 둘 횃불을 들고 대웅전으로 몰려왔다. 그들은 대웅전 바닥에 낭자한 핏자국과 시체들을 보고는 놀라 물었다.

"나리! 이것들이 다 무엇입니까?"

그는 잠시 생각하다 이내 그들을 꾸짖었다.

"이 어리석은 놈들아! 그토록 가고자 한 곳이 고작 산짐승의 아가리였더냐?"

"그, 그게 무슨 말씀이신지요?"

"밤새 제단에 앉아 있으니 커다란 산짐승이 달려들어와 나를 한 입에 삼키려 들었다. 너희가 매년 제단에 올린 중들은 극락에 간 것이 아니라 요망한 짐승에게 잡아먹힌 것이다! 내 오늘 밤 놈을 죽이지 않았더라면 너희는 차례로 놈의 먹이가 되었을 것이다!"

그러고는 승려의 손에 들린 횃불을 빼앗아 대웅전 바닥에 던져 버렸다. 그러자 승려들은 불타는 대웅전 앞에 주저앉아 어린 아이처럼 통곡하기 시작했다.

"으아아아······!"

그는 그런 승려들을 뒤로하고 산 밑으로 내려갔다.

다음 날 해가 질 무렵 그는 아버지의 무덤을 파헤쳐 관을 꺼내 짊어지고는 대나무 숲으로 향했다. 그곳에 관을 놓고 조금을 기다리니 자정쯤에 이르러 소름끼치는 소리와 함께 지네가 그 모습을 드러냈다. 지네는 그가 가져온 관을 보더니 말했다.

"따라오너라."

그는 아무 말 없이 관을 메고 지네를 따라 산길을 올랐다. 얼마나 지났을까, 한 봉우리 중턱에 이르러 지네가 발걸음을 갑자기 멈추더니 돌아서 그를 보았다.

"여기서부터는 나 혼자 가야 하니 너는 관을 두고 먼저 내려가 있거라."

"관을 두고 가라니 그게 무슨 말씀이시오?"

"오늘 약속대로 네 아비의 관을 왕이 나올 명당에 묻어줄 것이다. 허나, 남에게 명당자리를 알려 주는 것은 천기를 누설하는 것이니 너에게 그 자리를 보여 줄 수는 없다. 걱정 말고 먼저 내려가 있거라."

그는 의심이 가득 차올라 두려움도 잊고 지네에게 맞서 말했다.

"그렇다고 어찌 아버님의 관을 남에게 맡기고 떠날 수 있다는 말이오?"

그러자 지네가 답답하다는 듯 말했다.

"내가 아닌 누군가가 명당의 위치를 알게 된다면 하늘은 이를 눈치 채고 땅의 힘을 누그러트리는 것은 물론 너와 내게 엄한 벌을 내릴 것이다. 그래도 싫다면 나는 상관없으니 관을 가지고 돌아가도 좋다."

지네가 그렇게 나오니 그는 잠시 생각하다 하는 수 없이 관을 두고 홀로 산길을 되돌아갔다. 그런데 산길을 내려가던 중 관을 두고 온 쪽에서 돌연 나무가 쪼개지는 소리가 들려왔다.

콰지직…!

순간 그의 마음속에 다시 한 번 의심이 솟구쳐 올랐다.

'중놈들도 구렁이에 속아 매년 놈에게 스스로 목숨을 바치지 않았던가?'

그는 결국 의심을 이기지 못하고 발길을 돌려 지네가 있는 곳으로 다시 향했다. 소리가 나는 곳에 이르러 나무 뒤에서 지네가 있는 곳을 보니 놈은 땅에 머리를 처박고 무언가를 부수고 있었다. 자세히 보니 지네는 구덩이를 파고 있었는데 관은 그 옆에 그대로 놓여 있었다. 들려오던 소리는 지네가 땅을 파며 고목의 뿌리를 쪼개는 소리였던 것이었다.

하지만 완전히 의심을 거둘 수 없어 계속해서 지네를 지켜보았다. 지네는 땅을 다 파더니 그곳에 관을 가지런히 내려놓고 흙으로 구덩이를 덮기 시작했다. 그제야 지네의 말이 거짓이 아님을 알고 서둘러 대나무 숲으로 내려갔다.

조금 뒤 지네가 모습을 드러냈다.

"분명히 보지 않았겠지?"

그가 거짓으로 대답했다.

"그렇소."

지네가 말을 이었다.

"명당은 네 손자 대에 발복하여 집안을 크게 일으킬 것이다."

그러고는 숲으로 돌아가려다 문득 무언가가 생각났는지 한 가지를 덧붙였다.

"아, 네가 해 줄 간단한 일이 남아 있다."

"그게 무엇이오?"

"하늘이 열리기까지 앞으로 몇 십 년 남지 않았다. 때가 되면 나는 다시 이 근방에 나타나 악한 자들이 끊이질 않는 곳에 자리를 잡고 그들을 취할 것이다. 그때쯤이면 너는 이미 높은 자리에 올라 있을 테니 이를 소란스럽지 않게 잘 덮어 주었으면 하는구나. 내가 네 아비의 관을 명당에 묻는 것이 쉬웠듯 파내는 것 또한 어렵지 않으니 허튼 생각은 하지 않는 편이 좋을 것이다."

그가 대답했다.

"알겠소. 내 마땅히 그리 하리다."

그러자 지네는 만족스럽다는 듯 웃으며 숲 속으로 사라져 버렸다.

'괜한 의심으로 명당의 힘을 더럽혔을까 걱정이로구나…'

그는 그날 후로 거짓말처럼 출셋길에 올라 승승장구하기 시작했다. 모든 일은 순탄하게 풀렸고 집안에도 경사가 이어져 몇 해 뒤에는 총명한 아들을 얻기도 하였다. 하지만 그는 그토록 원하던 출세를 하는 중에도 지난날 지네의 말을 어기고 명당을 본 것이 못내 꺼림칙하였다.

그 불안함은 자리가 높아질수록 더해져 나중에는 매일 밤 자리를 빼앗기고 집안이 몰락하는 악몽에 시달리게 되었다. 이에 개운산을 샅샅이 뒤져 지네의 흔적을 찾으려고도 해 보았으나 모두 소용없는 짓이었다.

그렇게 삼십년이 지나고 그도 나이가 들어 벼슬에서 내려와 집에서 머물게 되었다. 그런데 어느 날 괴상한 소문이 들려왔다.

'옆 고을 원님이 또 사라졌다네.'

'글쎄, 그러게 말일세. 이게 벌써 몇 명 째인가?'

이를 들은 그는 사람을 시켜 자세히 알아보도록 하였다. 얼마 후 내용을 들어보니 몇 년 전부터 옆 고을에서는 섣달그믐마다 원이 홀연히 사라지는데 괴수가 나타나 잡아간다는 소문이 돌아 아무도 그 자리를 맡으려 하지 않는다는 것이었다.

'때가 되면 나는 다시 이 근방에 나타나 악한 자들이 끊이질 않는 곳에 자리를 잡고 그들을 취할 것이다.'

"…놈이 돌아왔구나!"

그는 급히 아들을 불러 일렀다.

"네가 옆 고을의 원을 맡겠다 하거라."

아들이 의아해하며 물었다.

"그곳은 매년 괴수가 나타난다는 소문이 있는 곳이 아닙니까?"

"이는 소문이 아니라 사실일 것이다. 놈은 섣달그믐에 나타나는 괴수로 내 오래전 놈을 본 적이 있다. 내가 이른 대로만 한다면 능히 놈을 제압할 수 있을 것이다."

"그 방법이 무엇입니까?"

그는 아들에게 방법을 일러 주고는 덧붙여 신신당부하였다.

"놈을 잡으면 단단히 포박하여 남령초를 먹이도록 하여라. 그리고 반드시 너의 손으로 죽여야 함을 잊지 말아라."

그 후 그의 아들은 곧바로 자청하여 고을의 원 자리에 부임하였고 섣달그믐이 되길 기다렸다가 아버지가 알려준 계책을 실행에 옮겼다. 그의 아들은 마당에 얇은 실을 풀어놓고 해가 저물 때쯤 방 안에 들어가 문을 굳게 잠근 뒤 괴수가 나타나기를 기다렸다. 밤이 깊어 자정에 이르니 문 밖에서 소름끼치는 숨소리가 들려왔다.

스… 스…

괴수가 내는 소리가 점점 가까워지자 그의 아들은 미리 준비해 둔 남령초에 불을 붙였다. 그러자 남령초 냄새를 맡아서인지 괴수는 감히 더 이상 다가오지 못하고 마당에서 이리저리 움직이기만 하였다.

밤새 그의 아들은 매캐한 연기를 참으며 남령초를 태웠고, 동이 틀 때쯤 마침내 문에 비친 괴수의 그림자가 사라졌다. 날이 완전히 밝자 그의 아들이 군졸들을 불러 명했다.

"마당에 풀어놓은 실 중 다른 곳으로 이어진 것을 찾아라! 놈은 다리가 많을 것이라 하였으니 함께 엉켜 들어간 실이 있을 것이다."

그 말에 관아를 샅샅이 수색하니 과연 실 하나가 지붕 위로 이어져 있었다. 실이 끼어진 기와를 뜯어내니 그 안에 섬뜩한 푸른 눈을 지닌 커다란 지네 한 마리가 들어 있었다.

군졸들은 몹시 놀라 지네의 몸을 창으로 찔러댔지만, 창만 부러질 뿐 그 껍질을 뚫지 못했다. 그의 아들은 군졸들에게 명하여 찌르기를 멈추고 자신 앞에 데려오도록 했다. 밤새 맡은 남령초 때문인지 지네는 쉽게 몸을 가누지 못했고 힘없이 포박되어 그의 아들 앞에 끌려왔다. 놈은 힘겹게 몸부림치며 섬뜩한 푸른 눈으로 그의 아들을 뜯어보더니 말했다.

"이놈… 내 은혜를 베풀었건만 이를 원수로 갚다니… 네 아비가 기어코 내 말을 어기고 못자리를 본 모양이로구나."

그의 아들은 괴수가 말을 하는 것을 보고 몹시 놀랐다.

"그게 무슨 말이냐?"

지네는 그의 아들 말에는 대꾸도 하지 않고 말했다.

"하하하하하…. 네 아비의 뜻대로는 되지 않을 것이다. 다만 그토록 원하니 소원대로 역모를 일으키게 해 주마."

그러고는 한 차례 크게 몸을 요동치더니 아가리를 벌려 스스로 몸을 물었다. 그러자 지네의 붉은 피가 사방에 흩뿌려졌고 그의 아들 얼굴에도 그 피가 튀었다.

"이런 요망한 놈을 보았나…!"

그의 아들은 급히 남령초를 집어 들고 지네의 아가리 속에 집어넣으려 했다. 하지만 지네는 이미 숨이 끊어진 뒤였다.

지네가 죽은 뒤 아들은 그를 찾아가 물었다.

"괴수가 죽기 전에 이르길 역모를 일으키게 해 주겠노라 하였습니다. 그게 무슨 뜻인지요?"

그러자 그가 만족해하며 말했다.

"장하다. 이제야 편히 눈을 감을 수 있겠구나."

그러고는 아들의 물음에는 대답하지 아니하였다. 아들이 재차 물었다.

"일전에 괴수를 만나셨을 때 무슨 일이 있었습니까?"

그러자 그가 대답했다.

"앞으로 집안이 귀하게 일어날 것인데 그런 것이 무엇이 중요하겠느냐?"

지네가 죽고 고을이 안정되니 그의 아들은 그제야 식솔들을 불러들였다. 그런데 오랜만에 본 아내가 이상하다는 듯 그의 아들 얼굴을 보며 말했다.

"서방님, 얼굴에 못 보던 점이 하나 생겼습니다."

과연 얼굴을 비추어 보니 이마에 붉은 점이 하나 생겨 있었다. 그것은 지네가 죽을 때 튀었던 핏방울이었다. 그의 아들은 점을 여러 번 닦아 보았으나 아무리 문질러도 사라지지가 않았다. 그는 몹시 불안하였으나 시간이 흘러도 별다른 일은 일어나지 않았고 지네가 다시 나타났다는 소문도 없어 점차 잊고 살아가게 되었다.

그러다 그의 며느리가 아이를 갖게 되었는데 어느 새인가 보니 아들의 얼굴 점도 사라지고 없었다. 아들은 기뻐하며 자신의 아이가 태어나자 '스스로 점이 사라지며 생긴 아이'라 이름 지으니 바로 김자점이었다.

역모를 일으키게 해 주겠다는 지네의 말대로 김자점은 인조반정의 공신으로 광해군을 몰아내는 데 앞장섰고 효종 때는 북벌계획을 청에 밀고하여 조선을 위기에 빠트렸으며 이후에는 결국 아들, 손자와 함께 역모를 일으키려다 사지가 찢기고 목이 잘리는 형벌을 받게 되었다.

또한 그의 집안사람들 모두 죽임을 당하거나 노비로 전락하고 김자점의 부친과 조부도 관에서 꺼내져 목이 잘리는 부관참시를 당하게 되었으니 지네의 보복이 아니었을까 싶다.

기이한 태몽들

◎ 난초 화분이 깨지는 꿈

고려시대 한 여인이 기이한 꿈을 꾸었다. 본 적 없는 노인이 다가와 난초 화분을 건네는 것이었다.

"귀한 물건이니 잘 보관하도록 하게."

여인은 노인에게 처음 본 자신에게 귀한 화분을 맡기는 이유를 물었으나 노인은 대꾸하지 않고 그대로 자리를 떠나려 하였다. 이를 이상하게 여긴 여인은 노인을 붙잡아 대답을 들으려다 그만 화분을 놓쳤고, 바닥에 떨어진 화분은 그대로 산산조각이 나고 말았다.

여인은 화들짝 놀라 잠에서 깼는데 꿈을 꾼 이후부터 태기가 느껴지기 시작하더니 열 달 뒤 아들을 낳았다. 여인은 남편에게 꿈 이야기를 해 주었고 부부는 이런 태몽을 범상치 않다 여겨 아이의 이름을 꿈 몽夢, 난초 난蘭자를 써 '몽란'으로 지었다.

아이가 아홉 살이 되던 해 아이의 어머니가 또다시 기이한 꿈을 꾸었는데, 이번에는 검은 용 한 마리가 근처 동산의 배나무에서 하늘로 올라가는 것이었다. 기이한 광경에 놀라 잠에서 깬 그녀가 직접 동산에 가 보려 집을 나오니 마당에 있는 배나무 근처에서 아들이 놀고 있었다.

그녀는 꿈이 아들에 관한 것이라 생각하였고 용의 꿈을 꾸었다 하여 아이의 이름을 '몽룡夢龍'으로 고쳐 주었다.

그의 아버지도 아들의 태몽을 꾸었는데 이 또한 기이했다. 꿈에서 지체 높아 보이는 남자가 다가와 그에게 말했다.

"나는 희단姬丹이다. 그대의 아들은 후대에 높은 이름을 떨칠 것이니 잘 기르도록 하라."

남자는 그렇게 말하고는 그대로 사라져 버렸다. 희단은 고대 중국의 성인으로 추앙받는 인물인 주공 단丹으로, 그는 꿈을 매우 길하다 여겼다. 그는 이를 기억해 두었다가 아들이 장성하여 관례를 올릴 때 주공 단이 나온 꿈이라는 뜻인 '몽주夢周'로 이름을 바꾸었다.

그가 바로 훗날 고려의 마지막 충신으로 알려진 '정몽주'로, 범상치 않은 태몽과 높은 능력과 인품을 두루 갖춘 뛰어난 인물이다. 꿈에서 화분이 깨지는 바람에 훗날 비참한 죽음을 맞이하였다는 이야기도 전해지지만 그는 살아서는 많은 이들의 우러름을 받았으며 죽어서는 그 높은 이름을 후세에 떨쳤다.

◎ 공자의 제자

조선 후기 한 양반이 자신의 아이가 태어나기 전날 기이한 꿈을 꾸었다. 문득 집안의 대문이 열리더니 여러 사람이 들어오는 것이었다. 놀란 그가 맨 앞에 선 사람을 보니 그는 다름 아닌 공자孔子였다. 공자는 자신의 제자 여럿 중 하나를 가리키며 말했다.

"자네에게 내 제자를 보낼 것이니 잘 가르치도록 하게."

그렇게 말하고는 홀연히 사라져 버렸다.

다음 날 그의 아들이 태어났고 그는 성인이 내려준 아이라 하여 몹시 기뻐하며 성인 성聖, 줄 뢰賚를 써 이름을 '성뢰'로 지었다. 그는 훗날 조선 후기 서인의 영수이자 이름 높은 학자인 '송시열'이다.

태몽에 공자가 나온 까닭인지 그는 '해동의 성자, 송자'라고 높여 불릴 정도로 유학자로서의 이름을 널리 떨쳤으며, 《조선왕조실록》에 그의 이름이 삼천 번 이상 언급될 정도로 조선 정치에도 큰 영향을 미쳤다.

◎ 정승 셋이 나오는 고을

조선 중기 아이를 잉태한 한 여인이 기이한 꿈을 꾸었는데 용이 나타나 하늘로 올라가더니 선명한 푸른빛으로 변하는 꿈이었다. 범상치 않은 꿈에 여인은 이 꿈을 태몽이라 여기며 뱃속의 아이가 큰 인물이 될 것이라 생각하였다.

그녀는 곧바로 친정으로 가 아이를 낳고자 하였다. 그녀의 친정은 사촌마을이라는 곳으로, 예로부터 정승 셋이 탄생할 마을이라는 전설이 내려오던 곳이었기 때문이다. 실제로 과거 신라시대 때 최치원의 장인으로 알려진 정승 나친업이 출생한 곳이기도 했다.

그런데 그녀가 도착하여 사정을 말하니 친정에서는 모두 반대하였다. 아직 두 명의 정승이 더 나올 수 있으니 그 기운을 출가한 딸에게 나누기 꺼려한 것이었다.

그녀는 하는 수 없이 시댁으로 돌아가게 되었는데 마을의 서쪽 숲에 이르렀을 때 산통이 오기 시작했다. 그러다 그녀는 마을을 빠져나가기 전 아이를 낳게 되었다.

꿈과 전설의 내용이 맞았는지 아이는 훗날 정말로 정승의 자리에 오르는데 그는 바로 조선 중기의 재상이자 유학자인 서애 '류성룡'이다.

그는 임진왜란 때 전시 재상으로 많은 공을 세웠으며 당대의 명장 이순신과 권율을 천거한 사람이기도 하다. 그가 태어난 사촌마을은 현재 경상북도 의성군에 위치해 있는데 류성룡 이후로 아직 세 번째 정승이 나오지는 않았다고 한다.

◎ 하늘이 세 번 묻다

조선 초기 한 여인이 출산에 임박하여 정신을 잃고 깨기를 반복하다 꿈을 꾸었다. 아이가 막 나오려던 차에 돌연 하늘이 열리더니 누군가가 큰 소리로 묻는 것이었다.

"낳았느냐?"

그러고는 조금 있다 다시 같은 질문이 들려왔다.

"낳았느냐?"

아이는 여전히 나오지 않았는데 다시 한 번 하늘에서 큰 소리가 울렸다.

"낳았느냐?"

마지막 물음과 함께 아이는 세상에 나왔고 아이의 부모는 하늘이 세 번 물었다 하여 아이의 이름을 '삼문三問'으로 지었다.

그는 조선 전기의 문신이자 사육신 중 한 사람인 '성삼문'이다. 그는 계유정난 이후 단종의 복위를 도모하였으나 발각되어 참혹한 최후를 맞이했다. 하지만 이백여 년 뒤 숙종 대에 이르러 그 신원이 복위되었고 후세에 충신으로 이름을 남겼다.

◎ 하늘로 솟는 무지개

신라시대의 왕이 왕자를 얻을 때쯤 꿈 하나를 꾸었는데 지붕에서 무지개가 하늘 위로 솟아오르는 꿈이었다. 왕은 기이하게 여겨 천문을 담당하는 일관을 불러 해몽을 하도록 하였다. 일관이 이르길,

"곧 태어날 왕자께서 장성하면 이 나라에 큰 위해를 끼칠 것입니다."

이 말에 몹시 꺼림칙하게 여긴 왕은 아이를 죽이라 명하였다. 명을 받든 신하들이 갓 태어난 아기를 높은 곳에서 떨어트렸는데 차마 그냥 두고 볼 수 없던 아이의 유모가 그 밑에서 기다리고 있다가 강보에 싸인 아이를 받아 냈다.

아이의 목숨은 살릴 수 있었지만 그만 실수로 손가락이 아이의 눈을 찌르는 바람에 아이는 한 쪽 눈을 잃게 되었다. 시간이 흘러 장성한 아이는 거병하여 신라를 위태롭게 하니 그는 후고구려의 처음이자 마지막 왕인 '궁예'다. 그는 평생 신라를 증오하였고 그들을 '멸도滅都'라 부르며, 영토의 대부분을 빼앗아 신라의 멸망을 앞당겼다.

◎ 황룡사 9층 목탑을 오르는 아이

고려시대 경주 땅에 가난한 소금장수가 있었다. 그는 절의 노비인 아내와의 사이에서 아들 셋을 두었는데 하루는 막내아들에 대한 기이한 꿈을 꾸었다.

막내아들이 푸른 옷을 입고 황룡사 9층 목탑을 오르는 꿈이었다. 전해지기를 태조 왕건 또한 구름을 타고 황룡사에 올라 꼭대기에 앉는 꿈을 꾼 뒤 대업을 이루었다 하였으므로 그는 막내아들이 크게 될 것이라 생각하였다.

막내아들은 범상치 않는 꿈에 걸맞게 기골이 장대하게 자라 장성하였을 쯤에는 아무도 힘으로 대적할 수 있는 자가 없었다. 그는 그런 뛰어난 용력을 바탕으로 천한 출신 성분을 극복하고 출셋길에 오르게 되는데 훗날 무신정권의 4대 권력자인 '이의민'이다.

그는 세간의 떠도는 도참(예언서)에 '왕씨가 12대에 망하고 이씨가 왕이 된다'라는 말을 믿고 왕이 되려는 야심을 품었다. 하지만 그의 아들이 또 다른 권신이었던 최충수의 비둘기를 빼앗아 굴욕을 준 일을 계기로 최씨 형제에게 기습을 당하게 되는데, 그 일로 그는 죽음을 맞이하게 되었고 대업의 꿈은 물거품이 되어 버리고 말았다.

꿈에서 왕건과 같이 탑 꼭대기에 올라앉았더라면 그는 대업을 이룰 수 있었을까?

◎ 두 개의 별이 품에 떨어지다

신라시대 한 귀족이 기이한 꿈을 꾸었다. 경진일 밤에 형혹성(지금의 화성)과 진성(지금의 수성) 두 별이 자신에게 떨어지는 것이었다. 또한 비슷한 시기에 그의 아내도 꿈을 꾸었는데 황금 갑옷을 입은 동자 하나가 집 안으로 들어오는 꿈이었다. 그 후 얼마 되지 않아 부인은 아이를 갖게 되었고 부부는 이를 기이하게 여겼다.

아이는 꼬박 스무 달이 지나고 나서야 태어났는데 부부는 꿈과 더불어 아들이 범상치 않음을 직감하고 이름을 태몽을 꾸었던 날인 '경진'으로 지으려 하였다.

하지만 당시 예법에 태어난 날이나 달의 이름으로 이름을 지으면 안 된다는 것이 있었기에 글자를 고쳐 쓰게 되었다. '경'과 생김이 비슷한 '유庾'를, '진'과 발음이 비슷한 '신信'을 써 이름을 '김유신'이라 지었다.

김유신은 어지러운 상황 속에서 여러 번의 침공을 막아내 신라를 지키고 마침내는 삼한을 통일한 명장으로 기록되었으며 죽어서는 대왕으로까지 추존되기도 하였다.

꿈에서 그의 아버지 품에 떨어진 두 별은 고구려와 백제를 뜻하는 것이 아니었을까?

믿을 수도
믿지 않을 수도
없는

둘.

기묘한
이야기

귀신을
점호하는 선비

#귀신서책 #귀신관리 #기이한재주

　조선 중기의 재상 한준겸에게는 이따금씩 찾아오는 먼 친척이 하나 있었다. 그는 일국의 재상인 한준겸과는 다르게 몹시 가난하였는데 어찌나 사정이 어려웠던지 도움을 받고자 자신이 사는 호남에서 한양까지 먼 길을 걸어 찾아올 정도였다.

　한준겸은 그런 그를 매우 가엾게 여겨 눈치 한 번 주는 일 없이 항상 넉넉히 대접해 주었다. 그가 일찍 떠나려 할 때면 오히려 말리며 꼭 한 달씩은 머물게 하였다.

그러던 어느 날 한준겸의 집에 머물고 있던 친척이 찾아와 아뢰었다.

"대감, 그동안 신세가 많았습니다. 소인은 그만 떠나도록 하겠습니다."

"그게 무슨 소린가? 곧 있으면 설날이니 좀 더 머물다 가게."

한준겸이 여러 차례 권했으나 친척은 끝내 사양하였다. 한준겸이 의아하여 물었다.

"무슨 일이라도 생긴 겐가? 내 도움을 줄 일이 있을지도 모르니 어서 말해 보게."

친척은 끝내 말하기를 머뭇거렸다.

"그런 것은 아니오나 그믐날 소인이 긴히 처리해야 할 일이 있습니다. 하지만 워낙 험한 일인지라 감히 대감의 집에서 치를 수는 없을 듯하여…"

친척이 말꼬리를 흐리자 한준겸은 더욱 이상하게 여겼다. 계속해서 그를 추궁하니 친척도 더 이상은 숨길 수 없었는지 끝내 사실을 고하였다.

"그동안 감히 밝히지는 못했지만 제겐 기이한 재주 하나가 있습니다."

"그게 무엇인가?"

"바로 귀신들을 통제하는 일이지요."

"귀신들을 통제한다니…?"

"저는 팔도에 흩어져 있는 수만의 귀신들을 부립니다. 그리고 매년 설날이 되면 그들을 한데 모아 점검하곤 하지요."

한준겸은 예상치 못한 답변에 몹시 놀랐다. 그의 표정을 보니 농을 하는 것 같지는 않아 보였다. 친척이 이어 말했다.

"대감께서 괜찮으시다면 섣달 그믐날 밤 이곳에서 그것을 할까 하는데 괜찮으시겠습니까?"

"그렇게 하게."

밤이 깊어지자 친척은 대청에 의자를 놓고 앉았다. 한준겸은 대청 뒤편에서 이 광경을 바라보았다. 잠시 후 자정이 되자 푸른 빛의 구름 같은 것들이 대문에 스며드는 것이 보였다. 그리고서는 문을 뚫고 집안으로 들어오는데, 어떤 이는 두루마기를 입고 어떤 이는 털옷을 입은 것이 모두 사람의 모습이었다.

귀신들은 한참을 무리지어 들어오더니 마침내 뜰을 가득 채웠다. 그리고는 친척 앞에 줄을 지어 서서는 일제히 절을 올렸다.

그러자 친척은 책 하나를 꺼내더니 그들의 이름을 하나씩 부르기 시작했다. 그들 중 몇몇은 마루 앞에 서서 친척의 시중을 들고 나머지는 차례를 기다리며 점검을 받고 있었다. 그 모습이 마치 관아의 모습과 같았다.

친척이 귀신들을 점검하고 있는데 두 귀신이 뒤늦게 도착했다. 그 중 하나는 담을 넘어 들어왔다.

"저놈들을 잡아라!"

친척이 엄히 명하자 좌우의 귀신들이 그들을 포박하여 친척

앞에 꿇어 앉혔다. 잡혀온 귀신들이 두려움에 떨리는 목소리로 차례대로 사정을 고했다.

"점호 있는 것을 깜빡 잊고 있다 뒤늦게 부리나케 왔으나 길이 멀어 늦게 되었습니다. 용서해 주십시오…"

"네놈은 호남의 귀신이 아니더냐? 어찌 길이 멀다 하는 것이냐?"

친척의 불호령에 귀신이 엎드려 떨며 사실을 고했다.

"영남 지방에 가 있었습니다."

"그곳에서 무얼 하였느냐?"

"한 선비의 집에서 열병을 퍼트렸습니다… 먹고 사는 것이 어려워 그런 것이니 한 번만 용서해 주십시오!"

친척은 그 귀신은 더 돌아보지 않고 담을 넘어 들어온 귀신을 보며 물었다.

"너는 늦은 것도 모자라 어찌 담까지 넘은 게냐?"

다른 귀신 또한 벌벌 떨며 고했다.

"저 또한 병을 퍼트리러 경기 지역에 갔다가 뒤늦게 점호가 있다는 것을 깨닫고 서둘러 이곳에 왔습니다. 그런데 이미 점호가 시작된 지라 이런 무례를 범했습니다."

이야기를 들은 친척은 그들을 엄하게 꾸짖었다.

"내 일찍이 사람들에게 병을 퍼트리는 것을 금했음에도 너희 둘은 함부로 명령을 어겼으니 그 죄가 크다. 또한 점호에 참석하는 것도 늦었으니 그 죄는 더욱 크다. 게다가 일국의 재상 댁 담을 넘는 무례를 범했으니 죄를 피할 길이 없다. 여봐라, 늦은 놈은 곤장 백 대, 담을 넘은 놈은 삼백 대를 치고 칼과 족쇄를 채워 가두어라!"

귀신들이 울며불며 그에게 선처를 호소했지만 친척은 단호하게 법을 집행하도록 했다. 귀신들은 매를 맞은 뒤 다른 귀졸들의 손에 이끌려 집 밖 어딘가로 끌려갔다. 친척은 다른 귀신들에게도 크게 꾸짖었다.

"저 놈들처럼 되고 싶지 않다면 산 사람들에게 해를 끼치지 말거라!"

그의 호령에 귀신들이 두려워 모두 고개를 숙여 명을 받들겠다며 읍소하였다. 점호는 오경(새벽 3시~5시)이 되어서야 마무리 되었다. 점호가 끝나자 귀신들은 열을 맞추어 친척에게 인사를 올리고는 하나둘 문을 통해 집을 떠났다.

점호에 온 자가 어찌나 많았는지 한참이 지나서야 귀신들이 모두 사라졌다. 그들이 모두 떠나자 새벽닭이 울고 해가 띠오르기 시작했다. 모두 지켜본 한준겸은 그의 재주를 몹시 기이하게 여기며 물었다.

"자네, 어떻게 이런 재주를 익히게 되었나?"

그러자 친척의 입에서 나온 말은 놀라웠다. 어릴 적 친척은 산속에 있는 절에 들어가 공부를 하였는데 그곳에서 한 노인을 보게 되었다. 그는 몹시 야위고 생긴 것도 볼품이 없어 절의 승려들조차 그를 업신여길 정도였다.

하지만 친척만은 그를 가엾게 여겨 따뜻한 말을 건네고 먹을 것을 나눠주기도 하였다. 그러다 어느 깊은 밤 자고 있는 친척을 누군가 깨웠다.

"이보게…"

눈을 떠보니 그의 옆에 노인이 앉아 있었다. 놀란 친척이 일어나 그를 보니 어두운 곳에서도 두 눈빛이 반짝거리는 것이 평소의 모습과는 전혀 달랐다. 친척이 잠에서 깨자 노인이 말했다.

"이 절 뒤로 조금만 가면 아름다운 골짜기가 나오는데 그 풍경이 자못 볼 만하네. 내 자네에게 그곳을 꼭 보여 주고 싶은데 오늘이 아니면 시간이 없을 듯하네. 나와 함께 가 보지 않겠는가?"

친척은 그의 말을 기이하게 여겼으나 동시에 노인이 평소와 다른 모습을 보이니 이내 그러겠다 하였다.

노인을 따라 산길을 걸어 들어가니 과연 골짜기가 나왔다. 그런데 밤이 어두워 앞이 하나도 보이지 않았다. 그때 친척이 물었다.

"그리 아름답다 하시어 따라와 보았는데 밤이 깊어 아무것도 보이지 않는데 어찌된 일입니까?"

노인은 대꾸하지 않고 그를 돌아보더니 미소를 띠며 말했다.

"내게는 기이한 재주가 하나 있네. 이 몸이 늙어 죽기 전에 이것을 누군가에게 전해주려 했지만 마땅한 사람을 만나지 못했네. 그런데 자네를 보니 적임자를 찾은 듯하네."

그러고는 품에서 낡은 서책 하나를 꺼냈다.

"이 책 안에는 귀신들의 이름이 적혀 있네. 또한 그들을 다스리는 법도 적혀 있다네."

그리고는 부적 한 장을 쓰더니 공중에 날렸다. 부적이 공중에서 타오르자 그의 앞에는 순식간에 수많은 귀신들이 나타났다. 어찌나 많은지 그 수가 족히 수만은 되는 듯했다.

그는 자리에 앉더니 귀신의 이름을 하나하나 부르며 확인하기 시작했다. 한참 후 확인이 끝나자 귀신들에게 명했다.

"이제 이 분에게 너희를 맡길 것이니 앞으로는 이 사람을 나를 대하듯 하라."

그리고는 그들을 해산시키고 서책을 친척에게 건넸다.

"자네는 이 재주를 그릇되이 사용하지 않으리라 믿네. 귀신을 잘 통제하면 온 나라가 평안할걸세. 잘 부탁하겠네."

"제게 이런 큰 재주를 주시니 몸 둘 바를 모르겠습니다. 노인장께서는 어디의 누구시며 어찌 이런 재주를 얻게 되셨습니까?"

"오랜만에 어려운 일을 하니 피곤하구먼. 남은 얘기는 내일 해가 밝으면 하도록 하세."

친척은 더는 묻지 못하고 그를 따라 절로 돌아갔다. 하지만 자리에 누워도 아까 보았던 광경이 잊히지를 않았다. 뜬 눈으로 밤을 새고 날이 밝자마자 노인이 머무는 방을 찾았다. 하지만 노인은 이미 세상을 떠난 뒤였다.

"그 후 저는 수십 년간 세상을 떠돌며 귀신들을 통제하는 일을 하였습니다. 한 번도 이를 밝힌 적이 없었는데 대감께 처음 이르는 것입니다."

한준겸은 기이한 이야기에 쉽사리 입을 떼지 못하였다. 잠시 후 친척에게 물었다.

"나도 자네에게 그 재주를 배울 수 있겠는가?"

"대감이라면 능히 하실 수 있을 겝니다. 하지만 이런 일은 저 같은 필부가 할일이지 일국의 재상께서 맡으실 일이 아닙니다."

한준겸이 계속해서 청하였으나 친척은 들어주지 않았다.

다음 날 친척은 글로 감사인사를 남기고는 홀연히 떠났다. 그리고 다시는 한준겸의 집을 찾지 않았다. 한준겸은 사람을 보내 그를 살피도록 하였지만 그는 부름에 응하지 않다가 마침내 사는 곳도 바꾸어 버렸다. 한준겸은 이후 그의 소식을 들을 수 없었다.

꿈에 나타난 흑산도 주인

#임진왜란 #흑산도주인 #말

임진왜란이 발발하고 온 나라에 왜적이 들끓었으나 오직 호남 땅만은 피해를 입지 않았다. 이때 진안의 현감을 지내던 정식은 나라가 어려운 와중에도 지위를 이용해 자신의 욕심을 취하곤 하였다.

처음에는 세금을 나라에 바치고 남는 것을 자신의 재산으로 삼곤 하였는데, 욕심은 점점 커져 나중에는 조달 온 군량을 빼돌리기에 이르렀다.

꼬리가 길면 밟힌다고 했던가, 그의 악행은 결국 사헌부에 의

해 발각되었고 그는 파직되어 고향으로 쫓겨나게 되었다.

하지만 그는 이미 몇 년간 상당한 재산을 쌓은 터라 자손 몇 대는 편히 먹고 살 만큼 넉넉하였다. 이 사실을 접한 호남의 백성들은 통분해 마지않았다.

그렇게 몇 년간 얻을 것을 다 얻은 정식이었지만 마음속으로는 항상 재물을 잃을까 불안하였다. 호남이 안전한 곳이라곤 하나 전국 도처에서는 여전히 싸움이 벌어지고 있었고 언제든 왜군이 쳐들어 올 수 있다는 생각이 들었기 때문이다.

하루는 그런 정식의 걱정을 알아채기라도 한 듯 같은 지역의 선비들 임권, 임서, 백진남이 찾아와 솔깃한 제안을 하였다.

"왜적의 칼날에 빗겨갔다고는 하나 호남도 아직 안심할 수 없는 일이지요. 마땅히 안전한 곳으로 몸을 피해야 하지 않겠소?"

"내 그것을 모르는 바는 아니나 사방에 흉적들이 가득한데 어디로 간다는 말이오?"

"그런 곳이 왜 없겠소? 이곳에서 조금 떨어진 곳에 흑산도라는 섬이 있습니다. 그곳은 토양이 매우 기름지고 해산물이 풍부하여 지렁이가 살찌고 전복이 산처럼 쌓이는 곳이라 하더이다. 또한 제주도와 이웃하고 있어 여차하면 그곳으로도 피할 수 있으니 가히 몸을 숨길 만한 곳이라 할 수 있지요."

이야기를 들은 정식은 뛸듯이 기뻐하며 물었다.

"그런 곳이 있다면 내 더 망설일 필요는 없겠지. 준비할 것이 뭐 있겠소?"

"집마다 배 한 척씩만 준비하면 됩니다. 길이 먼 만큼 뱃길이 쉽지만은 않은지라 순풍이 불 때까지 기다려야 하오. 천천히 가져갈 짐을 싸 두시지요."

정식은 그날부로 배를 준비하고 그 안에 양식 수백 가마니와 진귀한 물건, 즐겨 타던 귀한 말까지 모두 옮겨 실었다. 그리고 얼마 후 기다리던 바람이 불어오자 다른 이들과 함께 배를 띄웠다.

얼마 후 수평선에 흑산도가 모습을 보였다. 그런데 그 주변의 바다가 어찌나 푸른지 섬의 모습이 검게 보일 정도였다. 또한 대나무가 하늘을 찌를 듯 높이 서 있고 옥토의 색은 붉은 윤기가 나는 것이 살찐 곡식과 해산물의 향기가 벌써부터 풍겨오는 듯하였다.

"이렇게 아름다운 곳이 있었단 말인가…!"

정식은 만족하며 짐을 풀고 흑산도에서의 생활을 시작했다.

전화의 두려움에서 벗어난 정식과 다른 선비들의 식솔들은 육지에 못지않은 풍족한 생활을 보냈다. 하는 일이라곤 오직 간간히 들려오는 육지의 소식을 듣는 것뿐이었다. 그렇게 부족함 없는 나날이 이어지던 어느 날 어부 하나가 반가운 소식을 전해 왔다.

"마침내 왜적들이 평정되어 멀리 성을 쌓고 들어가 나오지 않는다 합니다."

그의 말에 정식과 그 일행들은 전란이 끝났다 생각하여 크게 기뻐하였다. 그러고는 이제 뭍으로 돌아가기로 하고 기쁜 마음으로 배에 짐을 싣고 순풍이 오기를 기다렸다.

그런데 여러 날이 지나도록 순풍이 불어오지 않았다. 조바심이 오르던 차에 하루는 정식이 잠에 들려 하는데 누군가가 방에 들어왔다.

때아닌 인기척에 고개를 들어보니 문 앞에 머리가 하얗게 센 노인 하나가 서 있었다. 그런데 그 모습이 묘한 것이 보통 사람은 아닌 듯 보였다. 정식은 두려움에 아무런 말도 하지 못했다. 그러자 노인이 말했다.

"어찌 이리 일찍 돌아가려 하시오?"

"누, 누구시오?"

"놀라실 것 없소. 나는 이 섬의 주인이라오. 당신들이 어려움에 처한 것 같아 도움을 주려고 왔을 뿐이오."

정식이 고개를 들어 노인의 모습을 보니 눈처럼 허옇게 센 머리카락과 수염을 가지런히 늘어뜨리고 눈이 별처럼 빛나는 것이 필시 보통 사람은 아니라고 짐작되었다. 정식이 넋을 잃고 그를 가만히 보고만 있는데 노인이 말을 이었다.

"당신들은 육지로 가는 바람을 기다리고 있지 않소?"

"그렇소."

"내 그대들이 돌아갈 수 있도록 바람을 주리다. 다만 내 한 가지 부탁할 것이 있소."

"그게 무엇이오?"

"당신에게 털이 곱고 튼튼한 말이 있더이다. 그것을 내게 줄 수 있겠소?"

정식은 뜸을 들이며 선뜻 답을 하지 못하였다.

"알다시피 이 섬에는 부족한 것이 없어 뭍을 부러워할 것이 없을 정도요. 하지만 오직 말은 없소이다. 내 몇 달 간 당신들이 부족함 없이 잘 살게 해 주었으니 그것을 두고 떠나 주길 바라오."

그러고는 홀연히 사라져 버렸다. 정신을 차려 보니 모두 한바탕 꿈이었다. 그런데 어찌나 생생한지 방금 경험한 일처럼 느껴졌다.

정식은 기이하게 여기며 다음 날 아내에게 자신이 꾼 내용을 이야기해 주었다. 그런데 아내가 몹시 놀라며 말했다.

"저도 간밤의 꿈에 백발의 노인을 만났습니다. 그 사람이 저에게도 밀을 남겨두라 이르너군요."

정식은 두려운 마음이 들어 노인의 말을 듣지 않을 수 없었다. 정식이 아끼는 말이긴 하였지만 어쩔 수 없이 배에서 말을 내리게 하였다. 그러자 큰 아들이 급히 달려와 그를 말렸다.

"아버지, 어찌 까닭 없이 귀한 말을 두고 가려 하십니까?"

정식은 아들에게 꿈 이야기를 해 주었다. 그러자 아들이 답답하다는 듯 말했다.

"어찌 한낱 꿈이 두려워 저리 귀한 재산을 버릴 수 있습니까? 육지에 갔다 혹여나 왜군잔당이라도 맞닥뜨리면 무엇에 의지하려 하십니까?"

정식이 가만히 아들의 말을 들어보니 일리가 있었다. 왜적들이 성 안에 들어갔다고는 하나 완전히 떠난 것은 아니었기에 언제 다시 들이닥칠지 모르는 일이었다. 하지만 말을 가져가자니 순풍이 불어오지 않을 것이 뻔해 선뜻 결정을 내리지 못하다가 일단 뺐던 말을 다시 배에 넣어 두었다.

그날 밤 백발의 노인이 또다시 정식의 꿈에 나타났다.

"어찌 말을 내리지 않은 것이오?"

"뭍에 나가면 말을 중히 쓸 일이 있을지 모릅니다. 다른 원하는 것을 말해 보시지요."

"난 다른 것은 필요 없소. 내가 준 곡식과 땅을 누린 것이 내여러 날 당신들이 편하게 지낼 수 있게 해 준 덕인데 어찌 그깟 말 하나를 아낀단 말이오?"

정식이 뜸을 들이며 대답을 하지 못하자 노인이 엄한 말투로 경고했다.

"굳이 말을 주지 않겠다면, 처자식을 버리고 혼자 떠나는 것이 좋을 것이오."

노인은 다시 사라져 버렸다. 잠에서 깨어난 정식은 이를 꺼림칙해 하였다.

'가려면 처자를 두고 혼자 가라니… 그게 무슨 말이란 말인가?'

정식은 하는 수 없이 말을 두고 가려는 그때 아들이 기쁜 목소리로 말했다.

"아버지! 순풍이 불어온다 합니다!"

정식은 기뻐하며 말을 두는 것도 잊고 서둘러 배에 올랐다.

'꿈 따위를 믿고 귀한 재산을 날릴 뻔하였구나.'

정식은 가벼운 마음으로 뱃머리에서 육지가 나타나기를 기다렸다. 그런데 바다 한가운데에 이르러 문득 뱃머리가 돌기 시작했다. 정식이 어리둥절하여 뱃사람들에게 외쳤다.

"뭐하는 것이냐? 어서 방향을 돌려라!"

하지만 뱃사람들도 영문을 모르는 듯했다. 배는 제자리에서 빙빙 돌며 나아갈 생각을 하지 않았고 그들보다 늦게 출발한 배들이 정식의 배를 지나쳐 갔다. 온갖 수를 써 보아도 소용이 없자 정식은 문득 백발의 노인이 생각났다.

'굳이 말을 주지 않겠다면, 처자식을 버리고 혼자 떠나는 것이 좋을 것이오.'

그때 식솔들의 비명소리가 들려왔다.

"배가 가라앉고 있습니다!"

정식이 놀라 갑판 아래를 보니 배가 누군가가 바닷속에서 끌어당기듯 까닭 없이 가라앉고 있었다. 모든 것이 노인의 짓임을 깨달은 정식은 눈앞이 캄캄해졌다. 그는 급히 다른 선비의 배에 소리쳐 배를 대게하고는 식솔들과 재산들을 옮겨 싣기 시작했다. 그러자 이번에는 그 배 또한 자리에 멈추더니 바닷속으로 빨려 들어가기 시작했다. 그제야 정식은 바다에 가산을 밀어 넣으며 울부짖었다.

"내가 잘못했소! 모두 가지시오!"

하지만 배는 점점 더 빠르게 물속으로 빨려 들어갔고, 정식 일가는 결국 그 모든 재산들과 함께 바닷속 깊이 빠져 버렸다.

길몽을 꾸고도 의심과 욕심을 버리지 못하였으니 복이 도리어 화로 바뀌어 버린 격이리라.

길몽으로 목숨을 잃은 사람들

꿈을 사서 왕비가 된 문희, 서까래 세 개를 짊어지는 꿈을 꾸고 나라를 세운 이성계…

옛 기담들은 유독 꿈에 대한 이야기가 많다. 그리고 길몽을 꾸어 큰일을 이루는 내용이 대부분이다. 하지만 조선 후기의 문신 유몽인이 쓴 《어우야담》에는 그와는 조금 다른 이야기들이 전해진다.

조선 중기 한 수사(조선시대 각 도의 수군을 통솔하는 일을 맡아보던 정삼품 외직 무관 벼슬)가 왜선을 추격하다 멀리 황해도 땅까지 이르렀다. 그는 잠시 연안에 배를 정박시키고 왜적이 모습을 드러내길 기다리며 병선을 정비하고 있었다. 그런데 본 적 없는 걸객 하나가 나타나더니 갑자기 병선에 올라타려 했다.

"웬 놈이냐!"

병졸들은 그를 포박하여 수사 앞에 데려왔다. 그러자 걸객이 주눅드는 기색 하나 없이 기백 있게 외쳤다.

"오늘 왜적이 출몰했다고 하니 나도 함께 싸우게 해 주시오!"

그러자 수사는 어이없어 하며 그를 말렸다.

"바다는 험하고, 그곳에서의 싸움은 더욱 그렇소. 나와 병졸들이야 어쩔 수 없다지만 당신은 그럴 필요가 없지 않소? 이 일은 우리에게 맡기고 그만 돌아가시오."

그러고는 좌우에 명하여 그를 끌어내도록 하니 걸객이 급히 엎드려 부탁했다.

"꼭 함께 싸우게 해 주시오! 이렇게 부탁드리겠소."

"무엇 때문에 그렇게 흉한 일에 끼어들지 못해서 안달이란 말이오?"

"내 어릴 적 꿈 하나를 꾸었는데, 양쪽 귀밑에 황금 관자를 붙이고 수사에 오르는 꿈이었습니다. 그 내용이 상서롭고 몹시 생생하니 오랜 세월 동안 잊을 수 없었습니다. 그런데 수사의 배가 내가 사는 고을에 이르렀으니 어찌 하늘의 뜻이 아니라 할 수 있겠습니까?"

수사가 이야기를 들어보니 그의 말이 자못 기이한 데가 있었다. 수사는 걸객의 청을 들어 주어 병선에 오르도록 허락해 주었다. 그리고 조금 후 왜적이 나타났다는 보고가 들어왔다.

수사가 배를 띄워 놈들을 추격하니 그들은 마침내 왜선과 바다 한가운데서 맞닥뜨리게 되었다. 이내 싸움이 시작되고 걸객은 용맹하

게 나서 싸우기 시작했다. 그는 적을 두려워하지 않고 앞장서서 활시
위를 당겼고 크게 고함치며 주변의 병졸들을 독려하기도 하였다. 그
모습이 마치 수사와도 같으니 수사 또한 그의 용맹함을 눈여겨보지
않을 수 없었다.

싸움이 한창일 즈음 왜선 안에서 문득 푸른빛 연기가 일렁이며 올
라오는 것이 보였다. 그러더니 곧 귀가 찢어질 듯한 포성이 들려왔다.

펑!

그리고는 철환 하나가 날아와 걸객의 왼쪽 귀밑을 뚫었다. 철환은
그의 목을 관통하여 반대쪽 귀밑으로 빠져나왔고, 걸객은 비명조차
지르지 못하고 분수처럼 피를 뿜으며 그대로 바다에 떨어져 죽어 버
렸다. 그의 꿈에 나타난 금관자는 바로 철환이었던 것이다.

비슷한 시기 부평에 살던 한 백성은 은으로 된 갓에 은장식을 붙이
는 꿈을 꾸었는데 얼마 후 언 강을 건너다 얼음이 주저앉아 그대로 물
에 빠져 죽었다고 한다. 또한 어떤 이는 커다랗고 아름다운 옥이 나오
는 꿈을 꾸고 그날 해가 저물기 전에 죽어 버렸다고 한다.

길몽인 줄 알았던 꿈을 믿다 흉한 일을 당하고 길몽을 꾸고도 망설
이다 흉한 일을 당하니 '꿈보다 해몽이 좋다'란 말이 괜히 생긴 말은
아닌 듯하다.

목 잘린 과부

#점괘로잡은살인범 #과부살인범 #누명

전주 땅에 과부 한 사람이 있었다. 그녀는 남편이 죽은 뒤 이 웃집 길쌈 일을 도우며 생업으로 삼았는데 조금의 게으름도 없었다. 그런데 어느 날인가부터 일터에 모습을 드러내지 않았다. 이웃은 이를 이상하게 여겼다.

그도 그럴 것이 일을 돕는 동안 말없이 빠진 적이 여태 한 번도 없었다. 이상히 여긴 이웃은 과부의 집에 찾아가 보았다.

"이보게, 집에 있는가?"

여러 번을 불러 보아도 집안에서는 대답이 들려오지 않았다.

이웃은 조심스레 울타리 문을 젖히고 집안에 들어가 보았다.

그런데 뜰에 이르자 어디선가 지독한 비린내가 풍겨왔다. 냄새를 따라가 보니 그것은 안방에서 흘러나오는 것이었다. 이웃은 왠지 모를 섬뜩함을 느끼며 방문을 열어 보았다. 방 안에는 사방에 피가 흥건하고 과부는 목이 잘린 채 쓰러져 있었다. 이웃은 혼비백산하여 그길로 관아에 달려가 이 사실을 아뢰었다.

고을의 원은 소식을 듣고 부리나케 과부의 집으로 가 보았다. 잠시 도착해 방을 들여다보니 과연 그 광경이 참혹하기 짝이 없었다. 원은 군졸들을 풀어 주변을 샅샅이 수색해 과부의 머리를 찾으라 하였다.

하지만 한참을 찾아보아도 그녀의 머리는 어디에도 없었다. 단서라도 찾을 요량으로 집안을 살펴보는 중에 서쪽 담장 쪽에 있던 병졸 하나가 소리쳤다.

"나리! 이곳에 핏자국이 있습니다!"

소리를 따라 급히 그곳으로 가 보니 그곳에 과연 엷은 핏자국이 여러 방울 떨어져 있었다. 담장을 넘어 다른 곳으로 향하고 있어 핏자국을 따라가 보았다.

핏자국은 한 홀아비 농부의 집 담벼락에서 멈추었다. 즉시 그곳에 들어가 담 안쪽을 살펴보니 과연 과부의 머리가 짚 속에 숨겨져 있었다. 몹시 노한 원은 즉시 농부를 포박하여 관아로 데려갔다.

원은 동헌에서 그를 모질게 고문하며 엄히 물었다.

"바른대로 말하지 못하겠느냐? 과부의 잘린 목이 네 집에서 나왔는데 어찌 아직도 거짓을 고하려 드느냐?"

그러나 농부는 고문에 못 이겨 비명을 지르면서도 억울함을 호소하였다.

"사또! 믿어 주십시오… 맹세코 저는 과부를 죽이지 않았습니다! 어젯밤 저는 아들 둘과 함께 새끼를 꼬고 잠에 들었습니다."

아버지가 잡혀간 것을 알게 된 그의 두 아들이 관아에 찾아와 아버지의 결백을 말하였으나 증거가 워낙 확실하니 원은 끝내 그의 말을 믿지 않았다. 계속해서 그를 고문하다 날이 저물 때가 되서야 그를 옥에 가두었다.

두 아들은 억울함에 참을 수가 없었다. 그들은 밤새 부친과 같은 방에 있었기에 그가 범인이 아니란 것을 확실히 알고 있었다. 두 아들은 머리를 맞대고 아버지의 누명을 벗길 방법을 궁리하였으나 뾰족한 수가 쉽게 떠오르지 않았다. 형이 먼저 입을 열었다.

"내 일찍이 듣기로 봉산 땅에 '유운태'라는 점쟁이가 있다 한다. 어찌나 용한지 나라에서도 알아주는 자라고 들었다. 멀리 황해도 땅에 있다고는 하나, 아직 아버지의 판결 때까지 시간이 남아 있으니 서둘러 떠난다면 늦지 않게 돌아올 수 있을 것이다. 그에게 찾아가 물어보자."

그 말을 듣고 아우도 형의 말을 옳게 여겨 따르니 둘은 집안의 가산을 처분해 넉넉히 노자까지 준비하여 길을 떠났다.

그렇게 길을 떠난 두 형제는 쉬지 않고 길을 재촉해 봉산의 점쟁이 집에 도착했다. 그러자 점쟁이가 그들이 올 것을 알고 있기라도 한 것처럼 집밖에 서서 그들을 보고 있었다.

"내일 다시 먼 길을 떠나야 하니 오늘은 그만 잠에 들도록 하시오."

형제는 마음이 급했으나 점쟁이가 무언가 알고 있는 듯하였기에 그의 말에 따라 일찍 잠에 들었다.

다음 날 아침 눈을 떠보니 무당은 불을 지핀 화로와 상 하나를 두고 주문을 외우고 있었다. 그러고는 이내 점괘가 나왔는지 두 사람을 불렀다.

"지금 곧바로 고향으로 돌아가게. 자네들의 집에서 서남쪽 샛길을 따라 칠십여 리를 가면 삼밭이 나올 것인데, 그 귀퉁이에 오두막집이 있을 걸세. 그곳 울타리에 숨어 있으면 알게 될 것이네."

두 아들은 그의 귀신같은 말에 몹시 기이해 하였다. 몇 백리나 떨어진 자신들의 고을을 손바닥 보듯 알고 있으니 믿음이 가 복채를 두둑이 주고 곧바로 고향으로 향했다.

고향에 도착한 그들은 아버지가 걱정되었으나 점쟁이의 말을 믿고 그가 말한 오솔길을 따라 걸었다. 한참을 걸으니 과연 삼밭이 나오고 오두막이 보였다. 마침 날이 저물 때라 두 형제는 울타리에 몸을 숨기고 집안을 지켜보았다.

그 안에는 웬 남자 하나가 화롯불 곁에 앉아 신을 삼고 있었다. 그렇게 한참을 지켜보니 웬 다른 사내 하나가 집에 들어왔다.

그는 마루에 앉더니 말했다.

"며칠만 더 신세지겠네. 일이 마무리될 듯하이."

그러고는 크게 웃으며 말했다.

"내가 머리를 던진 집의 농부가 나대신 붙잡혀 고문을 당하고 초죽음에 이르렀다지 아마? 하하하!"

이 말을 들은 두 형제는 몹시 놀라면서도 피가 거꾸로 솟는 듯하였다. 그들은 곧바로 몸을 일으켜 울타리를 넘어 사내를 붙잡았다.

"이 흉악한 놈아, 넌 이제 죽은 목숨이다!"

두 형제는 그를 단단히 결박하여 곧바로 관가에 끌고 갔다. 형제의 이야기를 들은 원은 놀라며 사내를 끌고 와 심문하려 하니 사내가 말했다.

"모든 게 탄로 났으니 더 이상 아뢸 것이 없나이다."

그러고는 매질 한 번 없이 모든 것을 자백하였다.

사건은 이랬다. 사내는 과부의 이웃집에 사는 피장(짐승의 가죽으로 물건을 만드는 사람)이었는데 과부를 흠모하여 여러 번 그녀를 유혹하였다. 하지만 그녀는 이를 받아주지 않았는데 피장이 화를 이기지 못하고 그녀를 잔인하게 죽여 버린 것이었다.

원은 즉시 그를 옥에 가두었고 두 아들의 아비는 무사히 풀려나게 되었다.

양반집 망나니를
길들이는 방법

#해인사 #망나니 #노승의혜안

조선시대 경상도 합천 땅에 한 수령이 있었다. 그는 예순이 다 되도록 아이를 갖지 못하다가 늘그막에 아들 하나를 얻게 되었다. 어렵게 얻은 자식이다 보니 그는 아들이 해달라는 것은 모두 들어 주며 오냐오냐 길렀는데, 그렇게 사랑만 주고 훈육을 하지 않으니 아들은 성년이 다 되도록 낫 놓고 기역자도 모르는 지경에 이르렀다.

그러던 어느 날 평소 가깝게 지내던 해인사의 대사가 관아에 찾아왔다. 두 사람은 안부를 물으며 이런저런 이야기를 나누었는데 대사가 대뜸 아들의 근황에 대해 물었다.

"아드님이 성년이 다 되도록 공부를 시작하지 않았다고 들었는데 어찌하려 그러십니까?"

그러자 수령이 땅이 꺼져라 한숨을 쉬며 말했다.

"내 아들을 애지중지하여 어려서부터 회초리를 대지 않았으니 이제와 가르치려 해도 건방져 말을 듣지 않습니다."

그러자 대사가 물었다.

"그렇다고 이렇게 때를 놓치면 장차 세상에서 버림받을 진데 아깝습니다."

그리고는 잠시 생각하더니 말했다.

"제가 보니 아드님은 장차 무슨 일이든 할 수 있는 인물입니다. 괜찮으시다면 소승이 아드님을 가르쳐 보고 싶은데 어떠십니까?"

수령이 반색하며 말했다.

"감히 청할 수 없었으나 제가 진실로 원하던 바입니다. 대사께서 힘써 주신다면 제 아들도 비로소 어리석음에서 벗어날 수 있을 것입니다."

"그렇다면 한 가지 조건이 있습니다."

"그게 무엇입니까?"

"증서를 하나 써 주셔야 겠습니다."

원씨는 대사와 대화를 마친 뒤 그날로 아들에게 대사를 따라 절에 들어가게 했다. 절에서 살게 된 아이는 하는 짓이 망나니가 따로 없었는데 이리저리 날뛰며 대사의 면전에다 욕설을 내뱉는가 하면 심지어는 그의 뺨을 올려붙이기도 하였다.

하지만 대사는 아이의 패악질을 못 본 체하며 그대로 내버려 둘 뿐이었다. 그러다 닷새째 되는 날 아침 대사가 의관을 정제하고 제자 수십 명을 법당에 불러 모으고서는 엄숙하게 말했다.

"그놈을 이리 데려오너라."

그러자 이내 저편에서 아이의 울부짖는 소리가 들려왔다.

"감히 중놈 주제에 어디 양반 몸에 손을 대느냐?"

아이는 여전히 패악질을 하고 죽어도 가지 않겠다며 계속해서 버텼다. 대사가 명했다.

"저 놈을 밧줄로 묶어 끌고 오너라."

대사의 제자들은 아이를 제압하여 밧줄로 포박하고는 대사 앞에 짐승처럼 끌어서 데려왔다. 하지만 아이는 이 와중에도 욕설을 멈추지 않았다.

"이 만 번 죽여도 시원찮을 못된 중놈아! 네가 이러고도 무사할 성 싶으냐? 아버지께 모두 아뢰어 기필코 너를 때려죽일 것이다."

대사는 아이를 가만히 보며 품속에서 종이 한 장을 꺼냈다.

"이 증서는 너의 아버지가 내게 써 준 것이다."

그리고는 증서를 읽었다.

'아이를 죽이든 살리든 상관없으니 오직 엄하게 공부시켜 주

시오.'

이를 들은 아이는 낯빛이 새하얗게 변했다.

"이제 네 생사는 내 손에 달렸다."

대사는 꾸짖으며 미리 준비해 둔 벌겋게 달궈진 무쇠 송곳을 들었다.

"양반집 자제라는 놈이 글 한 자 읽지 못하고 사람 같지 않은 짓만 골라 하니 내 너를 살려둘 이유가 있겠느냐?"

그러고는 아이의 허벅지를 사정없이 찔렀다.

송곳에 찔리고 곧바로 혼절한 아이는 반나절이 지나서야 정신을 차렸다. 기다리고 있던 대사는 아이가 깨어나자마자 말없이 송곳을 들고는 다시 아이의 허벅지를 찌르려 했다. 아이가 깜짝 놀라 울며 애원했다.

"잘못했습니다! 앞으로 대사께서 시키는 대로 하겠으니 더는 찌르지 말아 주십시오…!"

대사는 송곳을 든 채 한 식경을 더 꾸짖은 뒤에야 밧줄을 풀어 주었다.

"이걸 받거라."

그러고는 아이에게 천자문을 건네준 뒤 공부 일과를 정해 주었다.

"일과를 조금이라도 지키지 않으면 다시 벌을 받을 줄 알거라."

아이는 그날부터 대사가 정해준 시간에 일어나 정해준 시간에 잠들며 한시도 쉬지 않고 공부에만 매달리게 되었다. 대사의 얼굴만 봐도 달군 송곳이 떠올라 아문 허벅지가 다시 욱신거리는 듯하니 조금의 게으름도 피울 수 없었다. 그렇게 해이해지지 않고 밤낮으로 공부하니 불과 네다섯 달 사이 《천자문》과 《통사(전 시대와 지역에 걸친 역사)》를 모두 뗴었고, 일년이 지나자 웬만한 글을 모두 읽고 쓸 수 있게 되었다. 대사는 과거공부도 시켰는데, 한 해 전까지만 하더라도 짐승처럼 날뛰던 아이는 언제 그랬냐는 듯 바뀌어 삼년을 지날 때쯤 마침내 공부를 완성하게 되었다.

"이제 과거를 보기에 넉넉하겠구나. 내일 나와 함께 산을 내려가도록 하자."

"예, 스님."

다음 날 대사는 아이를 수령에게 데려가 말했다.

"아드님은 이제 급제 후 누구에게도 뒤처지지 않을 것입니다. 이만 소승은 물러가겠습니다."

절에서 내려온 아이는 대사가 곁에 없어도 공부를 게을리 하지 않았고 삼년 만에 급제하여 벼슬길에 올랐다. 그리고 수십 년간 여러 중요 관직을 거치다 마침내는 경상도 관찰사 자리에 올랐다. 수령이 된 그는 크게 기뻐하며 속으로 생각했다.

'이제야말로 그 늙은 중을 때려죽여 분을 풀 수 있겠구나.'

그는 관찰사에 오르자마자 도내 순시를 준비하였다. 그러고는 특별히 곤장을 깎아 만드는 한편, 매질을 잘하는 사람 서넛을 뽑고는 해인사를 향해 행차하기 시작했다.

'넌 이제 죽은 목숨이다.'

때려죽일 생각에 가슴을 벅차하며 절 쪽으로 행차하고 있는데 어떻게 알았는지 대사가 여러 스님을 이끌고 자신을 마중 나오는 것이 보였다. 그런데 막상 대사의 얼굴을 보자 관찰사는 자기도 모르게 급히 가마에서 내려 대사에게 다가가 두 손을 잡고 인사했다.

"그간 안녕하셨습니까?"

대사가 껄껄 웃으며 말했다.

"늙은이가 오래 살아 사또의 늠름한 모습을 보게 되었으니 더는 바랄 것이 없겠습니다."

그러고는 그를 절 안으로 데려가더니 과거 관찰사가 공부하던 방으로 데려갔다.

"이 방이 기억나시겠소? 지금은 소승이 머무르는 곳이지요. 오늘밤 오랜만에 이 방에서 소승과 베개를 나란히 두고 주무시는 게 어떻겠습니까?"

"그러시지요."

그날 두 사람은 같은 방에 함께 누워 잠을 청했다. 밤이 깊자 노승이 물었다.

"사또께선 어릴 적 소승을 죽이겠다는 마음을 가지셨지요?"

관찰사가 당황하며 대답했다.

"그렇습니다."

"과거에 급제하고 관찰사가 되셨을 때도 여전히 그런 마음을 가지셨습니다.”

“그렇습니다.”

“오늘 순시 때도 저를 때려죽이고자 마음먹으셨을 겁니다.”

“…”

관찰사는 두려움에 더는 입을 떼지 못하였다. 그러자 노승이 물었다.

“그런데 왜 가마에서 내려 정성스럽게 대접하였소?”

관찰사가 온몸을 떨며 대답했다.

“사, 사실 원한을 잊지 못하고 있었습니다. 하지만 막상 대사를 뵈니 그 마음이 거짓말처럼 사라지는 듯하여…”

“소승도 그런 줄 알고 있었습니다.”

그러더니 품속에서 종이 한 장을 건넸다.

“이것은 사또의 평생 운수를 적은 것입니다. 어느 벼슬까지 오르게 될지부터 향년까지 모두 적어 놓았습니다. 사또께선 앞으로 나라의 큰 관리가 되실 겁니다.”

그리고는 덧붙였다.

“다만 훗날 평안감사에 오르실 것인데 그때 소승이 제자 하나를 보낼 것입니다. 그날 반드시 그 승려에게 오늘 소승을 대했듯 예를 갖추어 맞이하셔야 합니다.”

“잘 알겠습니다.”

“또 그날 밤에는 오늘처럼 꼭 그 승려와 동침을 하도록 하십시오. 절대 잊지 마시기 바랍니다.”

"명심하겠습니다."

몇 년 후 과연 그는 대사가 말한 대로 평안감사에 올랐다. 그리고 얼마 지나지 않아 해인사에서 스님 하나가 찾아왔다는 보고가 올라왔다.

'대사가 말했던 분이로구나…'

그는 스님을 즉시 들여 모시라 한 뒤 직접 나가 정성껏 스님을 대접했다. 그리고 날이 저물자 대사가 시킨 대로 스님을 자신의 방으로 모셔 나란히 누워 잠자리에 들었다.

그렇게 감사가 잠을 청하려 하는데 그날따라 아랫목의 온돌이 너무 뜨거워 잠이 오질 않았다. 그는 스님에게 부탁하여 자리를 바꿔 눕기를 청하여 자리를 바꿔 눕고 나서야 잠에 들 수 있었다.

얼마나 지났을까, 감사는 어디선가 풍겨오는 지독한 비린내에 잠에서 깨었다.

"스님, 어디서 지독한 냄새가 나지 않습니까?"

그는 비몽사몽 몸을 일으키다 스님이 누운 곳을 손으로 짚었다. 그런데 이불에 물기가 흥건하여 손이 젖어 버렸다. 무언가 이상함을 느낀 그는 급히 사람을 불렀다.

"게 있느냐?"

하인들이 급히 불을 가져와 방을 밝히니 스님이 배가 갈려 오장을 쏟아낸 채 죽어 있었다. 크게 놀란 감사는 시신을 밖으로 옮기고 사람을 풀어 급히 범인을 잡도록 했다.

다음 날 아침 관노 하나가 붙잡혀 왔는데 그를 엄하게 심문하니 이내 모든 것을 실토했다. 관노는 감사가 평소 아끼던 기생과 정을 통하게 되었는데 기생을 독차지하고 싶어 감사를 죽이기로 마음먹은 것이었다.

그래서 지난밤 칼을 들고 감사의 방으로 몰래 들어갔는데 두 사람이 누워 있는 것을 보고는 따뜻한 아랫목에 누운 자가 감사일 것이라 생각하여 스님을 칼로 찔러 죽인 것이었다. 크게 노한 감사는 그를 엄중히 처벌하고, 스님의 초상을 후하게 치러 주었다.

"대사께서 내 액운을 미리 알고 제자를 보내어 화를 막아 주셨구나…"

그 후 감사는 대사가 예측한 대로 벼슬길을 걸었고 부귀를 누리다 대사가 예측한 나이에 세상을 떠났다고 한다.

어렸을 적 노승이 두려워 복종한 후로 죽을 때까지 노승의 손아귀를 벗어나지 못한 셈이다.

용을 아내로 둔 아전

#아내는드래곤 #용의전설 #용궁

신라시대 말 한반도를 호령하던 지방 호족들은 고려가 세워진 이후 중앙의 강력한 통제를 받게 되었다. 그들 중 일부는 고려가 세워질 때 중앙에 들어가 지배층이 되었으나, 그러지 못하고 지방에 남은 이들은 향리(고려와 조선에서 지방 행정을 맡았던 하급의 관리)가 되어 중앙에서 보낸 관리들을 돕는 향역(고려와 조선시대 향리의 세습적인 직역)을 치르게 되었다.

시간이 지날수록 중앙의 통제는 점점 더 강해져 그들에게 부과된 역은 무거워져만 갔고 반대로 그 처우는 나빠져만 갔다. 조선시대에 이르러서는 녹봉을 거의 받지 못했음에도 관아에서 발생하는 모든 비용을 스스로 부담해야 했고 중인 신분으로 양반을 모시며 갖은 멸시를 받았다.

또한 향역은 대물림되었기 때문에 갖은 방법으로 역에서 벗어나려 하였으나 매우 드문 일이었기에 대부분은 끝내 그 굴레에서 벗어나지 못했다. 조선시대 이들은 '아전'이라고도 불렸다.

평안도 철산 땅에 이의남이라는 향리가 있었다. 그는 관아에서 지인(관인을 맡아서 관리하는 사람)이라는 직책을 맡고 있었는데, 성품이 어질고 매사에 우직하여 넘침이 없으니 고을 사람들의 신뢰를 받았다. 고을의 원 또한 그를 매우 총애하여 어딜 가나 그를 대동하고 크고 작은 일을 맡게 하였다.

그러던 어느 날 하루는 원이 그에게 말했다.

"내 이번에 한양에 갈 일이 있으니 자네도 함께 감세."

"여부가 있겠습니까."

의남은 원을 따라 상경하여 며칠 동안 일을 보게 되었는데 한양에서의 마지막 날에 이르러 문득 울적한 마음이 들었다.

"세상은 이렇듯 넓은데 나는 평생 변방에서 허드렛일만 하는구나…"

울적한 마음의 의남은 돌아가기 전날 원에게 부탁하여 반나절의 말미를 얻었다. 그러고는 용산에 올라 한강에 배가 오르내리는 것을 한가로이 구경하였다. 그런데 어디선가 그를 부르는 소리가 들려왔다.

"젊은이"

의남이 소리가 나는 곳을 보니 웬 노인이 그를 바라보고 있었다.

"혹시 철산 땅에서 오지 않았소?"

의남이 어리둥절하여 물었다.

"그렇습니다만…"

"얼굴이 참으로 좋구려."

그러더니 편지 한 통을 건넸다.

"내 집도 그 곳이라오. 내 집을 떠난 지 오래인데 미처 집안에 소식을 전하지 못하였소. 고향에 돌아가는 길에 나대신 이것을 좀 전해 줄 수 있겠소?"

의남은 그러겠다 이르고는 편지를 받아 들었다. 그러자 노인이 말했다.

"이 편지를 들고 고을의 동쪽에 있는 큰 못에서 '유철'이란 사람을 부르시오."

그러고는 이내 허공 속으로 사라져 버렸다. 놀란 의남이 그제야 정신을 차려 보니 모든 것이 한바탕 꿈이었다. 그런데 몸을 일으키다 꿈에서 노인이 준 편지가 놓인 것을 보았다.

"기이한 일이구나…"

다음 날 의남은 원을 모시고 철산으로 향했고 얼마 뒤 관아에 도착할 때쯤 노인의 말이 생각나서 원에게 아뢰었다.

"소인이 볼 일이 생겨 고을 근처에 다녀와야 할 듯합니다."

그러자 원이 언짢은 듯 말했다.

"얼마 전 한양에서도 그러더니 어디를 그렇게 다니는 것인가?"

의남이 머뭇거리며 대답하지 못하자 원이 말을 이었다.

"알겠으니 다녀오게."

얼마 걸리지 않을 것이라 생각한 의남은 집에 들르지도 않고 그 길로 못을 찾아 고을의 동쪽으로 향했다. 조금 길을 나아가니 과연 커다란 못 하나가 나왔다. 의남은 그곳에서 사람이 살 만한 곳을 찾아보았으나 집은커녕 작은 인기척도 느껴지지 않았다. 의남은 노인의 말을 곱씹어 보았다.

'이 편지를 들고 마을 동쪽의 큰 연못에서 '유철'이란 사람을 불러주시오.'

'사람이 어디 있다고 부르라는 것인가?'

일단 편지를 꺼내 들고는 허공에 외쳐 보았다.

"유철! 유철! 유철!"

하지만 사람도 없는 곳에서 아무도 대답할 리 없었다. 허탈해진 의남은 돌아가려 하는데 그때 뒤에서 그를 부르는 소리가 들렸다.

"누구시오?"

의남이 놀라 뒤를 돌아보니 못 한가운데 웬 사람이 있었다. 의남은 두려운 마음에 그대로 선 채 가만히 그를 바라보았다. 그러자 정체불명의 남자가 그에게 재차 물었다.

"누구냐 물었소."

의남은 선뜻 대답하지 못하다가 잠시 후 입을 떼었다.

"용산에서 만난 노인장께서 이 편지를 전해 주라 하셨습니다."

그러자 남자가 물살을 가르며 다가오더니 편지를 받아들었다. 이내 편지를 다 읽었는지 의남에게 말했다.

"여기서 잠시 기다리시오."

그러고는 다시 물속으로 들어가 버렸다.

'공연히 귀신들의 일에 휘말려 버렸구나…!'

기이한 광경에 두려움을 느낀 의남은 그대로 도주할까 고민하였으나 도무지 두 발이 떨어지지 않았다. 그러던 중 남자가 다시 물 위로 떠오르더니 의남을 불렀다.

"물속에서 그대를 부르십니다. 나와 같이 들어가십다."

의남이 아연실색하며 말했다.

"내가 어찌 그 깊은 물에 들어간단 말이오?"

그러자 남자가 아무렇지 않은 듯 말했다.

"그저 눈을 감고 내 등을 잘 잡고만 있으면 되오."

의남은 고민하다 무언가에 홀린 듯 그의 말에 따랐다. 그러자 의남의 손이 등에 닿기가 무섭게 두 사람의 몸이 물속으로 빨려 들어갔다.

의남은 두려워 눈을 꼭 감고 있었으나 이상하게도 귓가에 물소리와 바람 소리만 들려올 뿐 몸에 물 닿는 것이 전혀 느껴지지 않았다. 조심스레 눈을 떠보니 물결이 그들을 비껴 나가며 길이 생겨나고 있었다.

잠시 후 바닥에 이르러 남자가 의남을 내려놓았다. 그곳에는 붉은 대문이 있었는데 그 생김이 자못 장엄했다. 남자가 문을 열며 말했다.

"이리 들어오시오."

대문으로 들어가 여러 중문을 지나니 높은 돌계단 위 본 적 없는 갖가지 장식이 달린 화려한 누각이 나왔다. 의남이 감탄하며 그 위에 오르니 웬 젊은 여인이 나와 그를 맞이했다.

"한동안 아버지의 소식을 듣지 못하였는데 이렇게 편지를 전해주시니 감사할 따름입니다."

의남이 물었다.

"이곳은 어디입니까?"

그러자 여인이 미소를 지으며 답했다.

"이곳은 수부水府입니다. 아버지께서 자리를 비우신 사이 제가 다스리고 있지요."

그러고는 음식을 내오며 그를 대접하였는데 모두 뭍에서는 볼 수 없는 진기한 것들이었다. 또한 그녀는 의남에게 큰 집을 주어 머물게 하며 융숭히 대접하였다.

그렇게 며칠 동안 의남이 그녀의 대접을 받으며 이런저런 이야기를 나누니 그간의 의심은 씻은 듯 사라졌다. 또한 여인의 아름다움과 고운 성품에 반하여 그녀를 흠모하게 되었다. 그러던 중 하루는 여인이 다가와 그에게 말했다.

"사실 아버지 말씀에 이르길 편지를 가지고 온 분의 덕이 높으니 도착하시는 대로 혼인을 하라 하였습니다. 나리의 뜻은 어떠신지요?"

의남은 기다렸다는 듯 흔쾌히 수락하였다.

"좋습니다. 나 또한 바라고 있던 바입니다."

그러자 여인이 걱정되는 낯빛으로 물었다.

"지금은 사람의 모습을 하고 있지만 저는 용녀입니다. 그래도 괜찮으시겠습니까?"

"괜찮습니다. 거리낄 것이 무엇이 있겠습니까?"

두 사람은 수부에서 혼례를 올렸고 즐거운 나날을 보냈다. 그런데 의남은 슬슬 뭍의 일이 걱정되기 시작했다. 그래서 아내에게 말했다.

"내 곧바로 이곳에 오느라 집에도 들르지를 못하였습니다. 뭍에 다녀와야 할 듯합니다."

그러자 용녀가 잠시 고민하더니 말했다.

"뭍에서는 어떤 일을 하고 계십니까?"

"지인입니다."

"지인은 어떤 옷을 입습니까?"

"쾌자를 입습니다."

그러자 용녀는 귀한 비단을 꺼내어 옷을 만들더니 그에게 입혀 주며 말했다.

"서방님, 부디 빨리 돌아오세요."

그러고는 유철을 불러 의남을 물 밖으로 데려다 주도록 했다. 물으로 나간 의남은 왔던 길을 되돌아 고을로 향했다. 그런데 고을에 도착하고 보니 그의 어머니가 길에서 이리저리 헤매는 것이 보였다.

"어머니, 무슨 일로 나오셨습니까?"

그러자 그의 어머니가 그를 보고는 다그쳤다.

"그동안 어디 있던 게냐! 원님께서 너의 아버지를 잡아들였다."

이야기를 들어보니 며칠이 지나도 의남이 돌아오지 않자 그가 도주한 것이라 생각한 원이 그의 아버지를 잡아놓고 날마다 의남이 숨은 곳을 실토하라며 심문을 한다는 것이었다. 그의 어머니 또한 며칠을 바깥에서 헤매며 아들을 찾아다닌 것이었다. 의남은 눈앞이 아찔하여 그길로 관아로 날려갔다.

의남이 도착하자 관노가 원에게 의남이 왔음을 알렸다. 그러자 원이 창문을 열어 마당에 엎드린 의남을 보며 물었다.

"어디를 갔다 온 것이냐?"

"소인이 일이 길어져 약속한 날짜에 오지 못하였습니다. 한 번만 너그러이 용서해 주십시오."

원은 소리쳐 의남을 꾸짖으려는 찰나 그가 입은 낯선 옷이 눈에 들어왔다. 그 옷감의 선이 살아 움직이는 듯하고 기이한 빛을 뿜어내니 마치 인간 세상의 물건이 아닌 듯 보였다. 원은 의남의 죄를 묻는 것도 잊고 그에게 물었다.

"그 옷은 어디서 난 것이냐?"

의남은 망설이며 쉽게 입을 떼지 못하였다.

"어디서 났냐 묻지 않느냐?"

"그것이…"

그러자 원이 다시 낯빛을 바꾸더니 크게 소리쳐 꾸짖었다.

"이놈! 멋대로 자리를 비우고 관아의 일을 소홀히 한 것도 모자라 이제는 죄를 덮으려 거짓을 궁리하는 것이냐?"

그러고는 좌우를 불러 명했다.

"뭣들 하느냐? 어서 죄인의 아비를 끌고 와라!"

잠시 후 포졸들이 포박된 아전의 아버지를 거칠게 끌고 왔다.

"네 아비가 죽는 꼴을 보고 나서야 끝내 그 입을 열겠느냐?"

더 이상 사실을 감출 수 없다고 생각한 의남은 있었던 일을 모두 아뢰었다. 용산에서 기이한 노인을 만난 일부터 수부에서 혼례를 올린 일까지 하나도 빠짐없이 이르니 원이 차갑게 웃으며 말했다.

"나더러 그 따위 허황된 이야기를 믿으라는 것이냐?"

"제가 어찌 감히 나리 앞에서 거짓을 고하겠습니까? 맹세코 털끝만큼의 거짓도 고하지 않았습니다."

의남이 억울함을 호소하니 본래 그를 깊이 신뢰하던 원 또한 그 말이 사실일 수도 있겠다는 생각을 하게 되었다. 원은 잠시 생각하더니 이내 비릿한 미소를 지으며 말했다.

"네 말에 따르면 네 아내는 용녀이니 그 자태가 자못 궁금하구나. 네 아내를 한 번 보고 싶구나."

원의 그 말에 의남이 또다시 머뭇거리자 원의 손짓에 그의 아버지는 매질을 당하기 시작했다.

"으… 으아아악…!"

아버지가 고통에 못 이겨 비명을 지르니 의남이 급히 엎드려 울부짖으며 원에게 빌었다.

"가… 가서 의논해 보겠나이다. 소인의 아비를 살려 주십시오!"

그러자 원은 매질을 멈추게 하고는 자리에서 일어나 의남에게 다가갔다.

"만약 그 말이 거짓이라면 네 아비는 물론이고 너의 집안은 큰 화를 입게 될 것이다. 알겠느냐?"

"여부가 있겠습니까…"

의남은 그 길로 수부에 들어가 아내에게 있었던 일을 말하며 모습을 드러내 주기를 부탁하였다. 하지만 용녀는 곤란한 듯 난색을 보이며 말했다.

"하늘의 뜻 없이 뭍에 모습을 드러내는 것은 아니 될 일입니다."

그러자 의남이 아내의 손을 잡으며 애처롭게 빌었다.

"내 어찌 그것이 어려운 일인 줄 모르겠습니까? 하지만 내 아버지가 죽게 생겼으니 내 이리 부탁하는 것입니다."

의남의 간곡한 청에 용녀도 끝내 하는 수 없다는 듯 말했다.

"땅의 주인께서 그렇다니 어쩔 수 없겠군요. 내일 해가 질 때쯤 못가에 원님을 모시고 오세요."

의남은 다시 뭍으로 나와 원에게 아내의 뜻을 알렸고 원은 흥미롭다는 듯 그리하겠다 하였다. 의남은 원에게 아내를 보여 주겠다 약속하고 집으로 돌아가면서 한편으로는 안심하면서도 다른 한편으로는 몹시 슬프고 괴로운 마음에 눈물이 비 오듯 흘렸다.

다음 날 원은 못가에 큰 장막을 치게 하고는 그 아래 앉았다. 또한 소문을 들은 고을 사람들도 용녀를 보겠다며 너도나도 몰려와 못가에 북새통을 이루었다. 드디어 해가 질 때쯤 원이 의남에게 명했다.

"이제 나오라 하거라."

참담한 심정으로 의남이 물가에서 외쳤다.

"유철!"

그러자 유철이 물 아래에서 올라오더니 물 밖에 모습을 드러내지 않은 채 의남에게 물었다.

"융복을 입고 나갈지 평상복을 입고 나갈지 여쭤보라 하십니다."

이 말에 의남이 원에게 이것을 전하니 원이 잠시 고민하다 말했다.

"이왕 보는 것인데 평상복보다야 화려한 융복이 낫겠지."

이를 다시 의남이 전하니 유철은 고개를 끄덕이고는 다시 물속으로 내려갔다. 그리고 잠시 후 못이 끓어오르기 시작했다.

그리고는 물 표면에서 뿔이 솟아오르더니 이내 커다란 황룡 한 마리가 수면을 뚫고 그 모습을 드러냈다. 용의 눈은 번갯불과 같이 번쩍였고 누런빛을 내는 비늘은 하나하나 살아 움직이는 듯했다.

물속에서 나온 용이 굉음과 함께 하늘로 몇 장이나 솟아오르자 이를 본 구경꾼들은 모두 놀라 뒤로 나자빠졌고 원 또한 몹시 놀라 두 눈을 가린 채 앞으로 엎어져 버렸다. 용은 이 광경을 보고는 한 차례 크게 몸을 비틀더니 다시 물속으로 들어가 버렸다.

용이 사라지자 고을 사람들은 모두 도망치듯 흩어져 버렸고 원 또한 멋쩍은지 의남에게 한 마디도 하지 못하고 무리를 이끌고 관아로 돌아갔다.

'고맙소…'

원은 그날로 의남의 아버지를 풀어 주었고 용을 보고 두려운 마음이 생겼는지 그 후로는 의남이 수부에 가고자 말미를 얻을 때에도 문제 삼지 않았다. 그렇게 의남은 한동안 걱정 없이 뭍과 물속을 드나들며 용녀와 즐거운 시간을 보냈다.

시간이 흘러 때는 여름, 철산 땅에 심한 가뭄이 들기 시작했다. 타는 듯한 날씨에 몇 달째 비 한 방울 내리지 않으니 온 고을의 논과 밭은 누렇게 타들어 갔고 고을의 민심 또한 하루가 다르게 흉흉해져 갔다.

원은 갖은 수를 써서 해결하려 하였으나 도무지 상황이 달라

질 기미가 보이지 않았다. 그는 지푸라기라도 잡는 심정으로 여러 차례 기우제를 지내보았으나 하늘이 고을을 버린 것인지 끝내 비는 내리지 않았다.

원은 몹시 초조해지기 시작했다. 이 상황이 계속되어 굶어 죽는 이가 생기기라도 하는 날에는 조정에서 그에게 엄히 죄를 물을 것이고 그렇게 된다면 원 자리는 물론이고 목숨마저 부지하기 어렵다는 것은 불을 보듯 뻔한 일이었다. 원은 불안함에 잠도 제대로 이루지 못하고 하루하루 수척해져만 갔다.

그러던 어느 날 관아에서 의남을 보고는 문득 무언가가 생각난 듯 급히 그를 불러 말했다.

"이보게, 자네 아내는 용이지 않은가? 가서 비를 내려 달라 부탁해 보게."

그러자 의남이 망설이며 말했다.

"제가 할 수 있는 일이 있을지 모르겠습니다."

그 또한 고을의 사정을 잘 알고 있었으나 지난날의 일이 마음에 걸리는 데다 용이 마음대로 모습을 드러내는 것이 하늘의 뜻을 거스르는 일임을 이미 아내에게 들었기에 차마 원의 청을 승낙할 수 없었다. 그러자 원이 수척하여 총기가 사라진 눈을 부릅뜨며 소리쳤다.

"이제야 알겠다. 네 놈이 내게 원한을 품고 아내를 시켜 비를 멈추게 했구나!"

의남이 몹시 놀라며 말했다.

"소인이 어찌 감히 그런 짓을 했겠습니까?"

"그게 사실이 아니라면 당장 네놈의 아내더러 비를 내려 달라 하거라…"

의남은 눈앞이 캄캄해졌다. 원은 이미 그의 아버지를 잡아 가둔 적이 있는데다 그가 용을 두려워한다 해도 이제는 앞뒤 가릴 상황이 아니므로 또다시 어떤 짓을 벌일지 모를 일이기 때문이었다. 의남이 잠시 고민하더니 이내 입을 떼었다.

"…소인이 가서 의논해 보겠습니다."

"불가한 일입니다. 용이라 할지라도 마음대로 그럴 수는 없다고 이미 말씀드리지 않았습니까?"

의남이 용궁에 가 아내에게 이르니 용녀는 단호하게 거절하였다. 이에 의남이 재차 청했다.

"다시 한 번만 생각해 주시오. 지금 뭍에서는 백성들의 울음소리가 온 들판을 덮는 듯하오."

하지만 용녀는 한사코 고개를 저으며 계속해서 거절할 뿐이었다.

"이번 일은 저번과는 다릅니다. 상제의 명 없이 멋대로 비를 내렸다간 어떤 벌을 받게 될지 모릅니다."

"…가뭄으로 원이 곤경에 처하여 이번에도 내게 어떤 짓을 벌일지 모르오. 조금이라도 좋으니 내 얼굴을 봐서라도 조금만 비를 내려 주시구려… 내 이렇게 부탁하겠소…"

의남이 여러 차례 간곡하게 부탁하니 용녀도 마음이 흔들렸는지 오랜 고민 끝에 말했다.

"하는 수 없군요."

그러고는 방에 들어가 융장으로 옷을 바꿔 입고는 웬 물이 든 병과 버드나무 가지를 양손에 쥐었다. 이어 물 밖으로 나서려 하는데 무언가 생각난 의남이 그녀를 붙잡았다.

"내 함께 가 보아도 되겠소?"

그러자 용녀가 이번에도 거절했다.

"당신은 인간의 몸에서 난 사람이라 구름을 타지 못합니다. 나와 함께 가다니 아니 될 일입니다."

의남이 말했다.

"내 뭍에서는 비록 천하나 용을 아내로 맞았으니 한 번이라도 당신을 따라 하늘에 올라보고 싶소."

용녀는 의남의 얼굴을 보더니 잠시 고민하다 이내 승낙했다.

"제 겨드랑이 밑의 비늘을 꽉 잡고 계세요. 절대로 두 손을 놓아서는 안 됩니다."

"고맙소."

황룡으로 변한 용녀는 물 밖으로 나와 하늘로 솟아올랐다. 그녀의 등에 올라탄 의남은 높은 곳에 이르러 땅을 굽어보았다. 고을과 관아는 물론이고 철산의 온 산천이 조약돌만한 크기로 한눈에 보였다.

'이 땅이 이리도 작았구나…'

그때 용녀가 버드나무 가지를 병 속에 넣어 적시더니 땅 아래로 물 세 방울을 떨어트렸다. 물방울은 이내 구름으로 바뀌더니 비가 되어 땅으로 떨어져 내렸다. 용녀는 이를 보고는 이내 몸을 돌려 못 쪽으로 돌아가려 하였다.

하지만 의남이 떨어지는 비를 따라 아래를 내려다보니 땅이 심히 갈라져 있어 아무리 보아도 그만큼으로는 모자를 것 같다는 생각이 들었다. 또한 저 멀리 논밭에 흩어져 주저앉은 이들의 모습을 보니 마치 그들의 탄식소리가 귓가에 울리는 듯 측은한 마음이 일었다.

의남은 그곳에서 더 멀어지기 전에 자신도 모르게 비늘 잡은 한 손을 떼고 아내의 손에 쥐어진 물병을 기울여 그 안의 모든 물을 땅 밑으로 흘려보냈다.

"…이게 뭐하는 짓입니까…! 으아아아악…!"

용녀는 크게 놀라 소리지고는 급히 가까운 봉우리로 내려갔다. 그녀는 의남을 그곳에 내려 주고는 말했다.

"이제 큰 재앙이 일어날 것입니다! 절대 산 아래로 내려가지 말고 이곳에 있으세요!"

"그게 무슨 말이오?"

"이럴 줄 알고 당신이 따라오는 것을 말린 것이었어요… 수부의 물 한 방울은 뭍에서는 일리(한 마을 전체)의 비라 세 방울이면 족했습니다. 그런데 물병을 모두 쏟아 버렸으니 이 땅은 이제 큰 물난리로 모두 잠겨 버릴 것입니다."

"…그럼 이제 어찌되는 것이오?"

"하늘에 내 죄를 스스로 알린 꼴이 되었으니 나는 이제 벌을 피할 수 없게 되었습니다."

용녀는 그렇게 말하고는 눈물을 흘리며 말을 이었다.

"나는 이제 가볼 곳이 있습니다. 당신이 나와의 정을 잊지 않았다면 홍수가 그친 뒤 백각산 아래 나를 보러 와 주세요…"

그러고는 의남을 내려 두고 하늘로 솟구쳐 올라 어딘가로 떠났다.

비가 그친 뒤 의남이 땅과 물이 닿은 곳으로 가보니 온 고을이 족히 한 장은 잠겨 있었다. 구릉들은 무너져 평지와 구별할 수 없게 되었고 아무리 둘러봐도 논밭은 흔적조차 보이지 않았다.

"이를 어찌한다는 말이냐…!"

탄식해봤자 이미 늦어 버렸다.

홍수가 그친 뒤 의남은 아내를 찾아 그녀가 말한 백각산으로 가 보았다. 하지만 한참을 찾아도 그녀가 있을 만한 못가는 없었고 모두 거친 바위들뿐이었다. 종일 아내를 찾다 해가 저물어 돌아가려던 찰나 바위 틈 사이 황룡의 그림자가 보였다. 이를 본 의남은 그곳으로 급히 달려가 보았다.

"내가 왔소!"

그런데 그곳에는 황룡의 잘린 머리만 떨어져 있을 뿐이었다.

"나를 용서하시오…"

의남은 그녀의 머리를 끌어안고 한참을 통곡하고는 그 아래 그녀를 묻어준 뒤 다시 산 밑으로 돌아갔다.

인어의 저주

#인어의복수 #욕심이부른화 #시신은어디로

조선의 선조가 다스리던 때 김외천이라는 무관이 전라도 영광 땅에 군수로 부임하게 되었다. 그는 부임한 뒤 고을을 돌며 지역 이곳저곳을 둘러보았는데 해안 근처에 이르러 커다란 못 하나를 발견하였다.

못은 해안가에서부터 멀리 내륙 안쪽 벌판까지 펼쳐져 있었는데, 그 크기가 어찌나 큰지 둘레를 가늠하기 어려울 정도였다. 이를 장관이라 여긴 김외천은 좌우 관리를 불러 못에 대해 물었다. 그러자 한 관리가 대답했다.

"이 못은 수심이 매우 깊고 바다에 사는 큰 고기들이 살기에 고을의 어부들이 이곳에서 뱃일을 하기도 합니다."

그러자 김외천이 어이없다는 듯 말했다.

"못의 끝 부분이 바다와 가깝긴 하나 분명히 떨어져 있거늘 어찌 민물에서 바닷고기가 잡힌다는 것인가?"

관리가 답했다.

"매년 여름이 지나고 가을이 올 때쯤이 되면 이 지역에는 큰 비가 내립니다. 그러면 물이 불어나 바다와 못이 이어지는데, 그때 바닷고기들이 뚫린 물길을 따라 들어오는 것이지요. 그렇기에 후에 물이 빠져 바다와 분리되어도 바닷고기들이 못에 사는 것입니다."

관리의 기이한 이야기를 듣자 김외천의 마음속에서는 욕심이 일어나기 시작했다.

'바다에 나가지 않고도 고기를 잡을 수 있으니 이 얼마나 귀한 못이란 말인가?'

그는 잠시 생각하더니 관리에게 명했다.

"고을의 모든 어부들을 불러 모아 못 전체에 그물을 풀게 하라."

김외천은 그날로 온 고을의 어부들을 동원해 못에서 대대적으로 고기를 잡게 하였고 이를 모두 거두어들이니 얼마 지나지 않아 잡아 올린 바닷고기들이 관아에 산더미처럼 쌓였다.

김외천은 매우 만족스러워 하였으나 시간이 지나자 점점 더 큰 욕심이 생기기 시작했다. 그가 이리저리 고민하다 관리에게 물었다.

"사람의 손으로 일일이 잡으니 그 양이 성에 차지 않는구나. 고기들을 한꺼번에 죽여 떠오르게 할 수 있는 방법이 없겠는가?"

그러자 한 관리가 나서 말했다.

"이 고을에는 쓴맛의 열매가 나는데 일찍이 그 열매가 빠진 물의 고기들이 모두 죽어 떠오른 것을 본 적이 있습니다. 그것을 사용해 보심이 어떠십니까?"

그 말에 김외천이 크게 기뻐하며 말했다.

"옳거니, 묘안이로구나!"

그는 명을 내려 그날부터 관아에 송사하러 오는 모든 이들에게 반드시 열매 하나씩을 따 바치게 하였다. 그렇게 몇 달이 지나지 않아 관아에 모인 그 열매가 백여 가마니나 되었다.

열매를 모은 김외천은 봄이 되자 열매를 모두 꺼낸 뒤 관리들에게 명했다.

"이 열매들을 잘게 부수어 못 상류에 모두 뿌려 버려라!"

그러고는 어부들을 대기시킨 후 자신은 못가에 자리를 잡고 광대와 기생들을 불러 큰 잔치를 벌였다.

"오늘 이곳에서 장관이 펼쳐질 테니 잘들 봐두어라."

이 소식을 들은 고을의 선비들이 찾아와 그를 말렸다.

"작은 미물들도 하늘이 내린 것인데 이렇게 함부로 죽이는 것은 상서롭지 못합니다. 그물로써 그들을 취하는 것에 만족하시지요."

하지만 김외천은 그 말을 듣기는커녕 도리어 소리쳐 그들을 크게 꾸짖었다.

"네놈들이야 말로 좋은 날 상서롭지 못한 소리를 지껄이는구나. 뭣들 하느냐? 당장 이놈들을 끌어내라!"

김외천이 물가에서 노닐며 못에 열매의 즙이 퍼지길 기다리니 잠시 후 못의 색이 점점 어두워지고 물고기들이 하나 둘 배를 뒤집은 채 물 위에 떠오르기 시작했다. 물고기와 함께 알도 떠올랐는데 그 중에는 크기가 손바닥만 한 것도 있었다.

이를 본 김외천이 크게 웃으며 말했다.

"저것들을 보아라. 알이 저만 하니 다 자란 놈은 얼마나 크겠느냐!"

과연 시간이 지날수록 떠오르는 고기의 크기는 점점 커졌는데 처음에는 한 자(약 30cm)만한 것들이 나오다 조금 지나니 한 길(약 3m)만한 것이 나왔고, 나중에 이르러서는 수레만한 고기까지 떠올랐다. 이를 보던 사람들은 하나같이 눈이 휘둥그레졌다.

"내 저리 큰 고기는 난생 처음 보는구나. 못 아래 저런 것들이 있을 줄 누가 알았겠는가?"

고기의 시체는 점점 불어나 못 전체를 메우기에 이르렀고, 시간이 지나 더 이상 떠오르는 것이 없자 김외천은 아쉬워하며 어부들로 하여금 고기들을 건져내게 하였다.

그런데 그때 못 가운데에서 어부 하나가 소리쳤다.

"나리! 한 마리가 더 떠오르고 있습니다! 마지막 놈인가 봅니…

으악!"

난데없는 비명 소리에 김외천이 소리가 나는 쪽을 보니 마지막으로 떠오른 고기의 생김새가 다른 것들과는 달리 기이했다. 그것은 눈처럼 하얀 피부에 검은 머리 털을 달고 있었는데 그 모습이 마치 벌거벗은 여자와도 같았다.

그때 느닷없이 한차례 큰 천둥이 치더니 폭우가 쏟아지기 시작했다. 비가 떨어지니 못은 순식간에 먹을 탄 듯 검게 변하였다. 불길함을 느낀 김외천은 못가의 사람들을 물리고 관아로 도망치듯 돌아갔다.

비는 며칠이 지나도록 그칠 생각을 않고 계속되었다. 못은 물이 계속 불어남에도 점점 더 검게만 변해 갔고 이 소식을 들은 김외천은 불안에 떨며 집에 틀어박혀 바깥출입을 하지 않았다.

그러던 어느 날 그의 방에서 기척이 느껴지지 않아 집안사람들의 방으로 들어가 보니 그는 이미 싸늘한 주검이 되어 있었다.

비는 수십 일이나 계속된 후에야 멈추었고 김외천의 아들은 그제야 아버지의 시신을 고향으로 옮기기 위해 관을 가지고 영남의 땅으로 향했다.

그런데 영광을 떠난 지 얼마 지나지 않아 또다시 천둥이 치더니 거센 비바람이 몰아치기 시작했다. 먹구름이 온 하늘을 빽빽하게 뒤덮었고 땅에는 한줄기의 빛도 닿지 않았다. 관을 운구하던 김외천의 식솔들은 길과 숲을 분간하지 못해 이리저리 헤매다가 한참이 지난 후에야 겨우 개령 땅에 이를 수 있었다.

그렇게 갖은 고생 끝에 집에 도착해 보니 이상하게도 관이 몹시 가벼워져 있었다. 아들의 관을 받은 김외천의 아버지가 이를 괴이하게 여겨 죽은 아들의 관을 열어 보니 그 안에 있던 김외천의 시신이 어디론가 사라지고 없었다.

그의 시신은 어디로 사라진 걸일까? 과연 못에 떠오른 존재는 무엇이었을까? 어쩌면 김외천에 대한 인어의 복수는 아니었을까?

인어 이야기

조선 중기 강원도와 함경도 사이 자리 잡은 흡곡 땅의 현령은 부임한 뒤 해안가 한 어부의 집에 잠시 머물게 되었다. 하루는 뱃일을 마치고 돌아온 어부의 투덜거리는 소리를 듣게 되었는데 그 내용이 기이했다.

"오늘 다른 고기잡이가 글쎄, 인어를 잡았다지 뭔가."

현령이 그를 불러 자세한 이야기를 물었다.

"인어라니? 그게 무엇인가?"

그러자 어부는 인어를 잡았다던 다른 어부의 집을 알려 주었고 현령은 곧바로 그곳에 가 보았다. 집에 도착해 보니 과연 마당 한가운데에 기괴한 생물 너덧이 포박되어 있었는데, 검은 머리털을 이마까지 내리고 팔로 무릎을 감싸 앉아 있는 것이 영락없는 네댓 살 먹은 어린아이들의 모습이었다.

그들은 각각 희거나 붉은 피부에 누런 수염을 달고 있었고 콧마루가 우뚝 솟고 귓바퀴가 뚜렷한 것이 하나같이 매우 고왔다. 이를 괴이하게 여긴 현령은 어부에게 물었다.

"이들이 바다에 더 있는가?"

"그렇습니다. 오늘만 해도 원래 여섯 마리를 잡았는데 두 마리는 잡히는 도중에 창에 찔려 죽고 네 놈만 남게 된 것입니다. 이놈들은 작은 새끼들이고 다 큰 놈들은 크기가 사람만 합니다."

이야기를 들은 현령은 더욱 기이하게 여겨 그들에게 가까이 다가가 그 얼굴을 자세히 들여다 보았다. 그런데 그들은 모두 머리칼 사이로 흰 눈물을 비 오듯 흘리고 있었다. 측은한 마음이 든 현령이 어부에게 청했다.

"이들의 모습이 흡사 사람과 같고 눈물을 흘리며 슬퍼하는 것이 마음 또한 그러하다 할 수 있네. 어찌 이들을 고기라 할 수 있겠는가? 그만 놓아주게나."

그러자 어부가 난처한 듯 말했다.

"이놈들의 기름은 오래 두어도 상하지 않아 그 값이 제법 나갑니다. 고래 기름도 이에 비할 것이 못되지요. 그런데 이런 귀한 인어를 풀어 주라니 아니 될 말씀입니다."

하지만 현령은 인어들이 몹시 측은하여 어부를 꾸짖어 그들을 빼앗은 뒤 바다에 도로 풀어 주었다. 그러자 물에 들어간 인어들이 자라처럼 헤엄쳐 나가더니 이내 물속으로 그 모습을 감추었다.

　이 이야기는 조선시대의 야담집 《어우야담》에 나오는 내용으로 조선 중기 김빙령이라는 현령이 인어를 보았다는 이야기다. 보통 인어라 하면 대부분 서양의 인어를 떠올리지만 인어에 대한 이야기는 예로부터 동아시아에서도 존재해 왔다.

　중국의 고서 《태평광기(중국 송나라의 태평흥국 2년에 황제의 명으로 편집한 중국 설화집)》에 따르면 중국의 옛 바다 사람들은 인어의 모습이 사람과 흡사한 것을 보고 못에 가두어 기르면서 더불어 교접하였다고 하며, 일본에는 619년 인어를 잡아 왕에게 바쳤다는 기록이 남아 있기도 하다.

　인어의 대한 묘사는 지역에 따라 조금씩 차이를 보이기도 하지만 기이하게도 공통적으로 언급되는 부분이 하나 있는데 앞서 소개한 이야기에도 나왔듯 인어에게서 얻는 기름이 매우 귀하다는 것이다.

　사마천의 《사기》에 따르면 진시황릉 안에는 영원히 꺼지지 않는 촛불이 있는데 그것이 인어의 기름으로 만들어진 것이라고 한다.

　우리나라의 기록에 등장하는 인어는 사람과 거의 유사한 것으로 묘사되는데 생김새가 비슷할 뿐더러 서로 소통도 할 수 있었다고 전해진다.

궁궐과 여러 관리, 진기한 보물들을 매장하고 수은으로 여러 개울

과 강 그리고 바다를 만들었으며 인어의 기름으로 초를 만들어서

영구히 꺼지지 않게 하였다.

— 《사기》, 진시황본기

죽음의 문에서
기어 나온 구렁이

#광희문 #구렁이의복수 #살생금지

한양 동쪽에 위치한 광희문 아래에는 다섯 개의 구멍이 나 있는데 청계천의 물줄기 중 하나가 그곳을 통해 성 밖으로 흘러나갔다. 그 구멍에는 각각 쇠창살이 줄줄이 박혀 있어 사람이나 짐승은 이곳을 통해 드나들지 못하였고 오로지 물만이 성 밖으로 빠져나갈 수 있었다.

그래서 사람들은 광희문을 '물이 빠져나가는 문'이라는 뜻으로 '수구문'이라 불렀다. 그런데 이 수구문을 통해 빠져나가기만 하는 것이 한 가지 더 있었으니 바로 죽은 사람의 시체였다.

조선시대 한양에서는 성 안에 묫자리를 쓰지 못했기에 사람이 죽으면 그 시체를 성 밖으로 운구해 나가야 했는데, 성 동쪽에서는 광희문이 주로 그 통로로 이용되었던 것이다.

성 밖으로 빠져나가는 장례행렬이 끊이질 않으니 광희문 인근에는 매일같이 곡소리가 울려 퍼졌고, 사람들은 이 문을 '시체가 나가는 길'이란 뜻으로 '시구문'이라고 부르며 이곳을 통해 드나들기를 꺼려 하였다.

조선 중기 광희문 근처에 힘이 세기로 이름난 무인이 살고 있었다. 그가 하루는 문 근처를 지나가는데 수로 아래에서 기이한 소리가 들려왔다.

스… 스…

이 소리에 냇가를 내려다보니 성벽 아래 뚫린 수로의 창살 사이로 무엇인가가 꿈틀거리며 들어오고 있었다. 가까이 들여다보니 커다란 구렁이었다.

구렁이는 창살 사이를 비집고 대가리를 집어넣어 스멀스멀 성 안으로 들어오고 있었는데, 그 몸뚱이가 어찌나 긴지 한참을 들어와도 그 끝이 보이지 않았다. 이를 본 무인은 알 수 없는 불길함을 느꼈다.

'죽은 사람이 나가는 문으로 흉측한 짐승이 들어오니 상서롭지 못하구나…'

무인은 구렁이를 가만 둬서는 안 될 것 같다는 생각이 들어 급히 활을 뽑아들고는 구렁이의 머리를 향해 쏘았다. 그러자 활에 맞은 구렁이는 고통에 못 이겨 끔찍한 소리를 내뱉으며 더욱더 빨리 문 안으로 들어가기 시작했다.

구렁이가 머리에 활을 맞고도 죽지 않자 더욱 섬뜩함을 느낀 무인은 몽둥이를 뽑아 들고는 냇가 아래로 내려가 구렁이의 대가리를 사정없이 내리쳤다. 구렁이는 끝내 머리가 짓이겨져 죽어 버렸고 무인은 곤죽이 된 짐승의 몸뚱이를 잡아다 성 밖에 내던지고는 집으로 돌아갔다.

그 일이 있고 얼마 뒤 무인의 집에 큰 경사가 생겼다. 아내가 태기를 보이기 시작한 것이었다. 혼인을 치른지 여러 해가 지나도록 아이를 얻지 못했던 무인 부부는 크게 기뻐했다.

"얼마 전 흉측한 구렁이를 죽여 불길함을 없애니 이런 경사가 다 있구려."

부부는 어렵게 얻은 아이를 애지중지 길렀고 아이는 건강하게 자랐다. 시간이 흘러 아이가 열 살 남짓 되었을 무렵 하루는 처가 일을 보러 나간 사이 무인이 방 안에 드러누워 낮잠을 청했다.

그런데 이상하게도 방 안의 아이가 조용하였다. 무인이 눈을 가린 손 틈 사이로 방 한 켠의 아이를 보니 아이가 구석에 몸을 웅크린 채 눈을 허옇게 뜨고 무인을 노려보고 있었다.

살기 가득한 아이의 눈빛에 무인은 소름이 끼쳤으나 이내 자는 척 아이를 가만히 지켜보았다. 그러자 아이는 무인이 자고 있다고 생각했는지 조심스레 방문을 열고는 밖으로 나갔다. 그리고는 잠시 후 돌아와 조용히 방문을 걸어 잠갔는데 그 손에는 날카로운 단도가 쥐여져 있었다. 아이는 살금살금 무인의 곁으로 다가오더니 누워 있는 무인을 향해 칼을 쥔 손을 뻗었다.

"이, 이게 뭐하는 짓이냐!"

놀란 무인은 급히 일어나 아이의 칼을 피하며 소리쳤다. 하지만 아이는 여전히 흰 눈을 부릅뜨며 그를 향해 휘두르는 칼을 멈추지 않았다. 급기야는 무인의 옆구리를 찔렀다.

화가 치밀어 오른 무인은 곧바로 아이의 손을 쳐 칼을 떨어트린 뒤 손을 뻗어 주변에 있던 홍두깨를 잡고는 아이를 단번에 때려 눕혔다. 아이는 그대로 쓰러져 버렸다.

정신이 돌아온 무인은 칼에 찔린 상처를 부여잡고 쓰러진 아이를 살펴보았는데 아이는 죽어 있었다.

"내가 아들을 죽이다니… 이, 이를 어찌한단 말이냐…"

무인은 몹시 놀라고 참담한 마음에 그대로 집을 나와 버렸다.

그렇게 허망하게 하염없이 걷다 저녁이 되서야 돌아와 방에 들어가니 아내가 아이의 시신을 이불로 덮어놓고 크게 통곡하고 있었다. 그녀는 돌아온 남편을 보고는 소리쳤다.

"돌아와 보니 우리 아이가 죽어 있었습니다… 이게 대체 어찌된 일이란 말입니까…"

무인은 차마 무어라 대답하지 못하였다. 누워 있는 아들을 보니 하늘이 무너지는 듯하였다. 그렇게 말 한 마디 하지 못하고 멍

하니 서서 죽은 아들을 바라보며 하염없이 눈물만 흘릴 뿐이었다. 그런데 그때 이불 속에서 소리가 들려왔다.

사삭…

무인 부부는 몹시 놀랐다. 부인도 소리 내어 울기를 멈추었다. 부부는 귀를 의심하며 숨죽여 귀를 기울였다. 그러자 다시 한 번 소리가 들려왔다.

사삭…

무인은 조심스레 팔을 뻗어 칼을 잡았다. 그러고는 살며시 이불로 다가가 단숨에 이불을 걷었는데, 그 안에는 아들의 두 다리 대신 뱀의 꼬리가 자라나 꿈틀거리고 있었다. 이를 본 무인의 아내는 그대로 까무러쳐 쓰러져 버렸다.

무인은 괴이한 광경에 어찌할 바를 몰랐다. 죽은 아들의 몸은 점점 변하더니 이내 얼굴까지 뱀의 모습으로 바뀌었다. 마침내 피투성이의 구렁이로 변한 그의 아들은 사납게 쌕쌕거리며 그를 노려보았다.

그런데 그 이마를 보니 선명한 화살 자국이 찍혀 있었다. 무인은 그제야 어찌된 일인지를 알아차렸다.

"너는 일찍이 내가 죽인 구렁이로구나…"

무인은 치밀어 오르는 분노와 슬픔을 이기지 못하고 구렁이를 향해 칼을 들어 올렸다. 하지만 차마 구렁이를 내리치지 못하고 힘없이 팔을 떨어트렸다. 그러고는 자리에 털썩 주저앉아 말했다.

"네가 내게 원수진 일이 없었는데 너를 쏴 죽였으니 모두 내 잘못이다…"

그러고는 문을 열어 주며 말을 이었다.

"여기서 너를 다시 죽인다면 원한은 멈추지 않을 터. 더 이상 너를 해하지 않을 테니 그만 가 보거라…"

구렁이는 무인을 가만히 보더니 이내 몸을 일으켜 문 밖으로 기어 나갔다. 그러고는 냇가로 내려가 수구문의 창살을 통해 성 밖으로 빠져나가고는 다시 돌아오지 않았다.

용의 싸움에
휘말린 선비

#용싸움 #공갈못 #고래싸움에새우등터진다

상주 땅에 김씨 성을 가진 선비가 있었다. 한 번은 그가 일이 있어 경주로 가게 되었는데 올 때가 한참이 지나도록 돌아오지 않았다. 가족들은 그가 도적이라도 만난 것은 아닌가 걱정하며 뜬 눈으로 밤을 지새웠다. 그런데 얼마 후 충격적인 소식이 들려왔다.

"독명원의 한 객점에서 사람 하나가 죽었다는데 생김새를 들어보니 이 집 주인과 같았소. 혹시 모르니 어서 가서 확인해 보시오."

이 소식에 몹시 놀란 김씨의 아들은 곧장 그곳으로 가 보았다. 객점 주인에게 물어 시체를 찾으니 죽었다던 사람은 과연 그의 아버지였다. 아들은 아버지의 시신을 끌어안고 한참 동안을 크게 통곡하였다.

그런데 정신이 들고 보니 시신이 자못 이상한 데가 있었다. 죽은 지 며칠이나 지났음에도 마치 산 사람처럼 온기가 느껴졌기 때문이었다. 이상하게 여긴 김씨의 아들이 객점 주인에게 있었던 일을 물으니 그가 꺼림칙한 듯 답했다.

"이 분은 며칠 전 밤늦게 이곳에 도착했었는데 누구에게 쫓기기라도 하는 듯 몹시 불안해 보였습니다. 그런데 다음 날 기척이 없어 방문을 열어 보니 이리 쓰러져 있지 뭡니까?"

"쫓기다니…? 그게 무슨 말이오?"

그 이상은 객점 주인도 모르는 듯하였다. 김씨의 아들은 꺼림칙한 마음을 떨치지 못하며 그에게 시신을 보여 주었다. 그러자 주인도 몹시 놀라며 잠시 생각하더니 말했다.

"죽은 사람이 이리 산 사람과 같으니 필시 길한 징조가 아닙니다. 이 근처에 용한 무당이 있으니 가서 물어보는 것이 어떻습니까?"

김씨의 아들은 그 말을 옳게 여겨 곧장 시신을 수레에 싣고 객점 주인이 이른 무당의 집으로 향했다.

시신을 받아본 무당은 두려움에 찬 표정으로 말했다.

"이 분은 아직 돌아가시지 않았소. 허나 죽음보다 더 어려운 처지에 놓이셨구려… 이는 분명 용신의 장난이오…!"

"용신의 장난이라니?"

무당이 어두운 표정으로 말을 이었다.

"시간이 얼마 남지 않았으니 서두릅시다. 우선 굿을 해야겠소."

그러더니 공갈못가에 제단을 쌓고는 방울을 흔들며 의식을 치르기 시작했다. 그러자 그의 아버지가 갑자기 눈을 떴다.

"아버지! 정신이 드십니까?"

김씨는 아들을 보더니 비 오듯 눈물을 흘리며 말했다.

"난 틀렸다… 너까지 화를 입기 전에 어서 돌아가거라…!"

그의 아버지는 무언가 불안한 듯 계속 못가를 흘깃거렸다. 김씨의 아들이 물었다.

"어찌 그럴 수 있겠습니까? 어찌된 일인지 알려 주시지요."

그러자 김씨가 못가에서 눈을 떼지 않고 이야기를 시작했다.

"내 일을 마치고 집에 돌아가는 길이었다…"

김씨는 며칠 전 해가 질 무렵 독명원으로 향하고 있었다. 그런데 길 저편에 누군가의 형체가 보여서 다가가 살펴보니 웬 자루 하나를 든 여인이 있었다. 그 모습이 어찌나 아름다운지 불길함이 느껴질 정도였다고 했다.

'저 사람은 이 시간에 혼자서 무얼 하고 있는 것인가?'

김씨는 여인 앞에 이르러 물었다.

"낭자, 곧 해가 저뭅니다. 여기서 뭐하시는 겁니까?"

그러자 여인이 슬픈 목소리로 말했다.

"남편 도울 사람을 찾아다니는 중입니다."

"무슨 일인지는 모르겠으나 일단 고을로 가시지요. 여기에 계속 있다가는 범에게 물려 갈지도 모릅니다."

그러자 여인이 순순히 따랐다. 두 사람은 함께 독명원으로 향했다.

고을에 이르러 김씨는 객점에서 방 하나를 구했다. 그런데 여인이 가만히 있는 것을 보아 노자가 없는 듯 보였다. 딱한 마음이 든 김씨는 여인에게 방을 내어 주고 자신은 헛간에 들어가 몸을 뉘었다.

그런데 깊은 밤 밖에서 이상한 소리가 나기 시작했다. 물이 쏟아지는 소리였는데 누군가 마당에 연달아 물을 붓는 것 같았다. 김씨가 기이하게 여겨 문 틈새로 밖을 보니 아까 보았던 여인이 물동이를 이고 와 바닥에 물을 쏟아 붓고 있다.

'한밤중에 저게 무슨 해괴한 짓이란 말인가…?'

김씨의 마음속에는 아까부터 느끼던 불길함이 스멀스멀 피어오르기 시작했다.

그렇게 여인을 가만히 지켜보는데 여인은 물을 이고 오기를 너덧 번을 더 반복하더니 곧 신까지 벗고 물웅덩이에 두 발을 담갔다. 그러고는 돌연 몸을 뒤틀더니 순식간에 한 마리의 황룡으로 바뀌었다. 이를 본 김씨는 너무 놀라 뒤로 나자빠지고 말았다. 그러자 황룡이 소리를 들었는지 헛간 쪽으로 다가와 문을 젖혔다.

"다, 당신은 누구시오!"

김씨가 놀라 물으니 용이 답했다.

"저는 경주 용담의 용녀입니다. 어제 말씀드렸듯 남편 도울 사람을 찾고 있습니다."

그러고는 눈물을 뚝뚝 흘리며 간곡하게 빌었다.

"아까 나리를 보니 능히 저를 도와주실 수 있을 듯 보였습니다. 부디 저희를 도와주십시오…!"

용이 구슬피 우니 김씨는 자기도 모르게 측은한 마음이 들었다. 그는 두려움도 잊고 사정을 물었고 용녀가 답했다.

"저는 상주 공갈못의 수용에게 출가(시집을 가다)를 가는 중이었는데 남편에게 원한을 품은 다른 용이 나타나 남편을 죽이려 들었습니다. 그래서 남편과 함께 죽기로 싸워봤지만 그 힘이 너무 강하여 도저히 몰아낼 수가 없었지요."

그녀의 이야기에 김씨는 화들짝 놀라며 소리쳤다.

"내 어찌 한낱 사람의 몸으로 용의 싸움에 개입할 수 있단 말이오?"

그러자 용녀가 급히 그를 안심시켰다.

"싸우는 것은 저희가 할 것이니 나리께서는 간단한 도움만 주시면 됩니다!"

그러고는 자루를 건넸다. 그 안을 보니 예리한 검 하나가 담겨 있었다.

"못에 이르면 제 남편과 놈이 아직 싸움을 하고 있을 것입니다. 청룡은 제 남편이고 백룡은 제 출가를 방해하는 용이니 제가 들어가 놈을 붙잡으면 이것으로 놈의 목을 쳐주시기만 하면 됩니다."

김씨는 두려웠으나 용의 간절한 눈을 보니 거절하기 어려워 결국 승낙하였다.

"알겠소. 어떻게 그곳으로 가면 되오?"

황룡이 고개를 숙여 사례하고는 등을 보이고는 말했다.

"제 겨드랑이의 비늘을 잡으시지요."

김씨가 시키는 대로 하자 용이 하늘로 솟구쳐 올랐다.

잠시 후 못에 이르자 황룡은 수풀에 그를 내려 주었다. 나무 숲 너머 못가 쪽에서는 뇌성벽력 소리가 들려왔다.

"저게 무슨 소리요?"

"지금 제 남편과 놈이 싸우는 소리입니다."

나무 사이로 백룡을 사납게 노려보며 말을 이었다.

"제가 저곳에 들어간 뒤 셋이 뒤엉켜 있는 순간이 있을 것입니다. 그때 달려 나와 놈의 몸통을 잘라 주세요."

그러고는 몸을 솟구쳐 못 가운데로 들어갔다.

김씨가 수풀에 숨어 싸움을 보니 용이 콧김을 뿜을 때마다 거센 불이 일고 발톱이 부딪힐 때마다 벼락이 치는 것이 보기만 해도 오금이 저릴 정도였다. 칼을 쥔 그의 두 손은 사시나무 떨리듯 했고 온몸에 식은땀이 흘렀다.

'내가 헛된 마음에 괜한 일에 휘말려 버렸구나…!'

바로 그때 황룡이 크게 포효하더니 거칠게 백룡의 몸뚱이를 휘감기 시작했다. 백룡은 황룡의 목덜미를 물어뜯었다. 하지만 황룡은 놈의 몸을 잡고 놓아주지 않았다. 그러고는 목덜미에서 피를 철철 흘리며 죽일 듯한 눈으로 김씨를 노려보았다.

'나서기 두려워 가만히 지켜본다면 황룡이 나를 가만두지 않겠구나…!'

김씨는 떨리는 손으로 칼자루를 쥐고 못가로 달려가 백룡의 몸을 내리쳤다. 그 순간 백룡이 크게 포효하며 몸을 비틀어 김씨의 칼은 그만 청룡을 베고 말았다. 그러자 청룡의 몸뚱이가 반으로 잘려 힘없이 바닥에 떨어졌다. 황룡은 하늘이 쪼개질 듯 괴성을 내지르더니 곧바로 김씨의 몸을 낚아채어 하늘로 솟아올랐다.

잠시 후 한적한 숲에 이르러 황룡이 김씨를 바닥에 내던지더니 피눈물을 흘리며 울부짖었다.

"분명 백룡이라 하지 않았더냐! 이게 뭐하는 짓이냐?"

김씨는 겁에 질려 온몸을 떨며 선뜻 무어라 답을 하지 못하였다.

"출가하기도 전에 나를 과부로 만들었으니 네가 대신 나와 살아야겠다. 함께 물속으로 들어가자!"

그러고는 김씨의 몸을 잡아채 물속으로 끌고 들어가려 하였다. 김씨는 크게 놀라 있는 힘껏 발버둥치며 외쳤다.

"노, 놓아주시오! 난 이미 처자식이 있는 몸이오."

그 말에 황룡은 더욱 화가 치밀어 올라 그의 몸을 더욱 꽉 움켜잡았다.

"남의 남편을 그렇게 죽여 놓고 네 처자식은 중요하더냐?"

김씨는 뼈가 으스러지는 듯한 고통에 숨이 끊어질 듯했지만 간신히 숨을 모아 외쳤다.

"알겠소. 당신과 함께 들어가겠소. 대신 마지막 인사라도 할 수 있게 해 주시오…!"

그러자 황룡은 눈물이 그렁그렁한 눈으로 잠시 노려보더니 이내 그를 놔주었다.

"좋다. 이틀을 줄 테니 다녀오거라. 허튼 생각을 한다면 무사하지 못할 것이다…!"

"알겠소…"

김씨는 황룡과 약조하고는 급히 그곳을 빠져나와 집으로 향했다. 그러다 날이 저물어 객점에 이르렀는데 용녀에게 돌아갈 생각을 하니 막막하여 도무지 잠이 오질 않았다. 그러던 중 문득 용녀가 웅덩이에 몸을 적시고 나서야 용으로 변한 것이 생각났다.

'놈은 물이 있어야 용으로 변할 수 있구나… 그렇다면 못가에서 멀리 떨어지기만 하면 되는 것이 아닌가…'

그 생각에 미치자 급히 몸을 일으켜 방문을 나서려던 순간 갑자기 숨이 턱 막히더니 이내 시야가 까맣게 변해 버렸다.

이야기를 마친 김씨는 비 오듯 눈물을 흘리며 다급히 외쳤다.

"난 끝내 벗어나지 못할 것이다… 너라도 어서 자리를 피하거라!"

김씨의 아들은 통곡하며 아버지를 일으켰다.

"아닙니다! 지금 속히 이곳을 벗어나면 무사할 수 있을 것입니다."

그러고는 아버지를 등에 업고 자리를 떠나려 하였으나 갑자기 못의 물이 한차례 크게 용솟음치더니 사방에 비처럼 쏟아졌다. 김씨의 아들이 소매로 이를 막고 하늘을 바라보니 하늘에 황룡이 붉은 구름을 쥐고 떠 있었다.

용은 성난 눈을 부릅떠 김씨를 노려보더니 순식간에 달려들어 그의 몸을 낚아채 못 속으로 들어가 버렸다. 그렇게 손쓸 새도 없이 아버지를 빼앗겨 버린 김씨의 아들은 그 자리에 주저앉아 출렁이는 못을 허망하게 바라보았다. 그날 이후 김씨를 본 사람은 아무도 없었다.

그 이후에도 공갈못에는 매년 기이한 일이 일어났다. 정월 열나흗날이면 못 근처의 소들이 추운 날씨에도 불구하고 모두 땀을 흘렸는데 그럴 때마다 못을 덮은 얼음이 갈라져 있는 것이었다. 사람들은 이것이 밤에 용녀가 소들을 데려가 얼음을 갈게 했기 때문이라 믿었고 매년 겨울 못의 얼음이 갈라지는 모양을 보고 한 해의 풍흉을 점치곤 하였다고 한다.

공갈못은 과거 상주 지역에서 농사를 짓는데 있어 중요한 수원이었으나 현재는 크기가 줄어 사라지다시피 하고 그 일부만 남아 있다.

　　못이 사라진 뒤 용녀와 김씨는 어디로 갔을까?

한라산에 내린
핏빛 비

#사신 #김녕사굴 #인신공양

조선 중기 중종이 다스리던 때에 서련이라는 성품이 굳센 양반이 있었다. 어릴 적부터 심지가 굳고 무용이 뛰어났던 그는 어린 나이에 무과에 급제하여 이른 벼슬길에 올랐다.

그러던 중 판관에 임명되어 제주 땅으로 가게 되었는데, 뱃길을 거쳐 임지에 도착해 보니 그곳 고을의 풍경이 육지와는 사뭇 다른 데가 있었다. 온통 짚으로 된 지붕의 초가집들뿐 기와집이 한 채도 보이지 않는 것이었다. 심지어 관청조차도 풀로 엮은 지붕으로 되어 있으니 서 판관은 이를 기이하게 여겨 관리를 불러 사정을 물었다.

"어찌 이곳의 집은 전부 초가지붕으로 되어 있는가?"

그런데 관리의 반응이 무언가 이상하였다. 켕기는 것이라도 있는 듯 눈치를 살피며 선뜻 대답하지 못하는 것이었다. 관리는 그렇게 한동안을 어물대더니 이내 기어들어 가는 목소리로 답했다.

"이곳은 바다가 가까워 기후가 습한 탓에 기와가 잘 구워지지 않습니다…"

그 반응이 미심쩍은 데가 있었으나 막 부임한 지라 사정이 있겠거니 생각하며 넘겼다.

그런데 얼마 뒤 정월이 가까워오던 어느 날 관청 밖에서 웬 여인이 울부짖는 소리가 들려왔다.

"이 아이는 안 됩니다…! 차라리 날 데려가시오!"

서 판관이 의아하여 관청 밖으로 나가보니 한 아낙이 관리들을 붙잡고 무엇인가를 애처롭게 사정하고 있었다.

"이거 놓아라! 어쩔 수 없는 걸 알고 있지 않느냐!"

관리들은 이제 막 성년이 되어 보이는 어린 여인을 붙잡아 어딘가로 향하는 듯 보였는데, 아낙은 그 여인의 어머니인 듯 보였다.

"웬 소란이냐!"

서 판관이 나타나자 아낙이 그의 옷자락을 붙잡으며 사정했다.

"나리! 부디 이 아이를 살려 주십시오… 마르고 볼품없어 사신의 성에 차지 않을 것입니다…!"

"사신이라니…?"

이상한 일이 벌어지고 있음을 직감한 서 판관은 주변의 관리들에게 물었다.

"저 아이를 어디로 데려가는 것이냐?"

하지만 관리들은 머뭇거리며 서로 눈치만 볼 뿐 누구도 선뜻 대답하는 자가 없었다.

"썩 말하지 못할까! 당장 바른대로 고하지 않는다면 너희들 모두 경을 치게 될 것이다!"

그리 으름장을 놓으니 그제야 하나가 꺼림칙한 듯 입을 뗴었다.

"이, 이는… 한라산에 사는 괴수 때문입니다."

"괴수라니…?"

"이곳에서 조금 떨어진 곳에 '사굴'이라는 깊은 동굴이 있는데, 그곳에는 머리가 절구통만 한 거대한 구렁이가 살고 있습니다. 놈은 매년 굴 밖으로 나와 사람들을 해치고 온 전답을 헤집어 놓곤 하였는데 그때마다 큰 흉년이 들어 수많은 이들이 굶어 죽곤 하였지요. 그러다 한 번은 고을에서 막 성년이 된 처녀 하나를 잡아먹은 적이 있었는데 기이하게도 그 해만큼은 재앙이 일어나지 않았습니다. 그래서 고을에서는 매년 집집마다 돌아가며 처녀 한 명씩을 바치게 되었고 올해도 그 날이 다가오니 이 여인을 굴로 데려가는 중이었습니다."

그 같은 이야기를 들은 서 판관은 얼굴에 가득 노기를 띠며 그들을 크게 꾸짖었다.

"어찌 짐승 따위가 두려워 죄 없는 양민을 놈의 먹이로 바칠 수 있단 말이냐? 놈을 잡아 죽이면 그만이 아니더냐!"

그런데 관리들의 반응이 기이하였다. 판관이 그리 꾸짖는 데도 두려운 기색 하나 없이 그에 맞서 대꾸하는 것이었다.

"판관께서는 이곳 사정을 모르십니다. 놈은 몸통이 족히 수십 척은 되고 그 이빨은 또 어찌나 날카로운지 가히 무쇠도 뚫을 수 있을 정도입니다. 어찌 저희들이 놈에게 대항할 수 있겠습니까? 또한 놈의 심기만 거스르지 않고 작은 희생만 감수한다면 마을에 닥칠 화가 없을 것인데 어찌 공연히 화를 자초하려 하시는 겁니까?"

관리들은 모두 자신들의 생각이 틀림없다 믿어 의심치 않는지 그 눈빛에 조금의 흔들림도 없었다. 판관이 어처구니 없어 하며 주변을 둘러보니 이를 구경하던 고을 사람들도 모두 아낙과 판관을 원망스러운 눈길로 흘겨보고 있었다. 서 판관은 화가 머리끝까지 차올라 크게 소리쳤다.

"언제까지 괴수 따위에게 휘둘려 피붙이를 스스로 내바치려는 것이냐? 당장 군졸들을 모아라! 내 오늘 그 놈을 없애버릴 것이니."

그러고는 그를 말리는 관리들의 손을 거칠게 뿌리치며 군졸들을 휘몰아 사굴로 향했다.

잠시 후 굴에 가까워가자 수풀 너머로 요란한 방울 소리가 들려오기 시작했다.

"저 곳이 사굴입니다."

굴 앞에는 한바탕 굿이 펼쳐지고 있었는데 무당들 여럿이 뒤엉켜 칼을 휘두르며 춤을 추어대는 것이 괴이하기 이를 데 없는 광경이었다. 서 판관은 군졸들에게 명해 이를 멈추게 하고는 무당들을 향해 외쳤다.

"오늘은 사람이 오지 않을 것이니 처녀 대신 떡과 술을 올려놓고 놈을 굴 밖으로 불러내도록 하라!"

그러자 무당들이 깜짝 놀라며 물었다.

"어찌 사신의 노여움을 사려 하십니까? 그러면 이 땅엔 한바탕 피바람이 불고 나리는 물론 우리 모두 무사하지 못할 것입니다!"

"놈은 오늘 내 손에 죽을 것이다. 어서 명을 받들지 못할까!"

판관이 크게 꾸짖어 일축하니 무당들이 돌연 도끼눈을 부릅뜨며 사납게 소리쳤다.

"뱀신은 해하려 해서도, 해할 수도 없습니다! 어찌 감히 하늘의 뜻에 거스르려 하십니까! 우리가 누구 덕에 이리 살 수 있는지 모르시는 겝니까!"

판관은 더는 화를 누르지 못하고 무당들을 잡아 꿇리게 하였다. 무당들이 아우성치며 반항하니 굴 앞은 순식간에 아수라장으로 변했다.

그러던 중 이상한 자 하나가 눈에 띄었다. 다른 무당들은 모두 몸부림치며 저항하는데 홀로 가만히 서서 판관을 뚫어져라 쳐다

보고 있는 것이었다. 그런데 그 눈이 마치 속을 꿰뚫어 보듯 묘한 데가 있으니 서 판관은 기이하게 여겼다. 무당은 판관을 한참 동안이나 응시하더니 이내 천천히 다가와 들릴 듯 말 듯한 목소리로 속삭였다.

"나리, 이대로 제단을 차린다면 놈은 나오지 않을 것입니다."

"그게 무슨 소리냐?"

무당은 판관의 물음에 대꾸하지 않고 되물었다.

"이 고을에 왜 기와집이 없는지 아십니까?"

"날씨가 습해 기와를 구울 수 없다 들었다."

무당이 가만히 고개를 저었다.

"아닙니다. 이는 구렁이가 연기를 몹시 두려워하기 때문입니다."

판관이 놀라 물었다.

"놈이 두려워하는 것을 알고 있었다는 말이냐? 그렇다면 어찌 놈에게 매년 산 사람을 바쳐 온 것이냐?"

"이곳 사람들 모두 구렁이가 고을을 보호하고 또 풍요를 가져다준다 믿기 때문이지요."

판관이 어처구니없어 하며 물었다.

"과거 놈이 고을로 내려와 사람을 해치고 전답을 헤집어 흉년에 들게 하였는데 어찌 놈이 이곳을 지킨다 믿는다는 것이냐?"

그때 갑자기 주변이 조용해졌다. 판관이 둘러보니 무당들이 모두 몸부림치기를 멈추고 섬뜩한 눈으로 판관과 그 앞에 선 무당을 노려보고 있었다.

"사실이 그런들 무엇이 중요하겠습니까? 그리 믿기를 원하는 것을…"

"이런 한심할 데가 있나…!"

판관이 크게 노하여 명했다.

"당장 제단을 부수고 굴 앞에 쌓아 불을 질러버려라!"

군졸들이 명에 따르니 제단의 잔해들은 순식간에 불길에 휩싸였고 곧 뜨거운 연기가 숲을 가득 메웠다. 그러다 굴속으로도 연기가 빨려 들어가기 시작하니 무당들이 바닥에 엎어져 저들이 다 고통스러운 듯 울부짖었다.

"우리 사신님을…! 어찌 우리 사신님을…!"

그런데 그때 굴속에서 문득 기이한 소리가 들려오기 시작했다.

쌕… 쌕…

뱀이 쌕쌕거리는 듯한 소름끼치는 소리는 굴 밖으로 빠른 속도로 가까워 왔고 판관은 서둘러 군졸들에게 명해 굴 입구를 에워싸고 창을 겨누게 하였다.

그리고 조금 후 구렁이가 고통에 겨운 몸부림을 치며 굴 밖으로 튀어나왔다.

"일제히 놈의 목을 찔러라!"

수십 자루의 창이 일시에 꽂히니 구렁이의 목에서는 피가 분수처럼 뿜어져 나왔고 괴수는 몸부림 한번 제대로 치지 못하고 힘없이 쓰러져 그대로 죽어 버렸다.

판관은 죽은 괴수의 몸뚱이를 불 속에 내던지게 하고는 타오르는 불길을 보며 크게 웃었다.

"보아라! 놈은 일개 뱀에 지나지 않았다!"

그때 군졸 하나가 문득 겁에 질린 목소리로 소리쳤다.

"나… 나리! 하늘을 보십시오!"

판관이 위를 올려다보니 기이하게도 하늘이 온통 새까맣게 변해 가고 있었다. 그 뿐만이 아니었다. 바닥에서 이상한 소리가 들려와 보니 바닥에 고인 구렁이의 피가 용암처럼 부글부글 끓어오르고 있는 것이었다.

"하늘이 노하셨다…! 판관이 뱀신을 죽여 하늘이 노하셨다!"

끓어오르는 피 웅덩이에는 이내 기다란 덩어리가 생겨나더니 곧 작은 뱀들로 변하여 사람들에게 달려들기 시작했다. 굴 앞은 순식간에 아수라장으로 변했다. 이번만큼은 서 판관도 당황스러움을 감추지 못하였다.

"두려워 말고 놈들을 죽여라!"

판관은 검을 뽑아 군졸들과 더불어 달려드는 뱀들을 닥치는 대로 베었으나 흉측한 괴수들은 도무지 줄어들 기미가 보이지 않았다. 뱀들은 이내 숲의 바닥을 가득 메우기에 이르렀고 굴 앞에 있던 사람들은 무당이나 군졸할 것 없이 모두 뱀들에게 물어뜯기며 고통에 찬 비명을 질러댔다.

서 판관이 혼돈 속에서 사투를 벌이는데 아까 보았던 기이한 무당이 가만히 다가와 그에게 나지막이 말했다.

"감사합니다, 판관 나리. 구렁이를 없애주신 덕에 이제 저희가 평안할 수 있게 되었습니다. 다만 나리께서는 놈의 원한을 사게 되셨군요."

"네, 네 이놈! 감히 날 속인 것이냐!"

판관은 크게 노하며 그를 단칼에 베려 하였다. 하지만 무당은 움츠러드는 기색 하나 없이 태연히 말을 이었다.

"근심하실 것 없습니다. 이미 죽은 몸으로 놈이 무얼 할 수 있 겠습니까? 나리께서 놈을 죽이셨으니 이대로 관사에 돌아가신다 면 이 굴의 새 주인이 되실 겝니다. 그러면 이 작은 재앙들도 곧 바로 멈출 것이니 이곳은 다른 이들에게 맡기시고 나리는 서둘러 관사로 가시지요."

모두 놀라 어찌할 바를 몰라 하는 난리판 속에서도 무당의 눈 빛은 한 치의 흔들림도 없었다. 이를 보자 그에게 속았다 생각하 던 판관도 마음속에 의심이 걷히기 시작했다. 게다가 당장 뾰족 한 수도 없으니 그의 말에 따르기로 하고 서둘러 말에 올라탔다. 그러자 무당이 그의 옷깃을 붙잡더니 마지막 말을 덧붙였다.

"놈이 금세 눈치를 챌 것이니 절대 뒤를 돌아보지 마십시오."

서 판관은 곁에 있던 교위에게 뒷일을 맡기고 급히 숲을 빠져 나와 고을을 향해 말을 달렸다. 하늘은 점점 검게 변해 갔고 그럴 수록 서판관의 불안한 마음도 커져만 갔다.

'놈이 정말로 영물이었던 것인가…?'

그런데 중간쯤 이르렀을 때 뒤에서 누군가 그를 부르는 소리가 들려왔다.

"나리! 멈추십시오!"

앞서 뒷일을 맡긴 교위(오伍라는 단위 부대의 지휘관)의 목소리였다.

"큰일입니다! 나리가 떠나시자마자 피가 하늘에서 비처럼 내리기 시작했습니다! 이에 괴수들이 더욱 늘어나 군졸들이 속수무책으로 당하고 있으니 돌아가 명을 거두어 주십시오!"

'피가 내리다니…?'

판관은 곧장 하늘을 올려다보았다. 하지만 그의 얼굴에 떨어지는 물방울은 없었다.

'놈이 금세 눈치를 챌 것이니 절대 뒤를 돌아보지 마십시오.'

'요망한 괴수가 기이한 수를 다 쓰는구나…'

판관은 무당의 말을 되뇌며 들려오는 목소리를 무시하려 애썼다. 하지만 교위는 소리치기를 멈추지 않았다.

"어찌 무당의 말만 믿고 저희를 버리시는 겝니까! 무당들은 나리가 떠나시는 걸 보고 이미 모두 도주하였고 애꿎은 군졸들만 죽어 나가고 있습니다!"

그 같은 이야기에 판관은 다시 마음이 흔들리기 시작했다.

'재앙들도 곧바로 멈출 것이니 이곳은 다른 이들에게 맡기시고 서둘러 관사로 가시지요.'

'누구의 말이 맞는 것인가…'

그런데 그때 교위가 다급하게 외쳤다.

"조심하십시오! 피구름이 그쪽으로 향하고 있습니…! 으아아아악! 그리 믿기를 원하는 것을… 사실이 그런들 무엇이 중요하겠습니까?"

교위가 말에서 떨어지는 소리가 나자 서련은 놀라 자기도 모르게 고개를 돌렸다. 뒤를 보니 과연 하늘에서는 피가 비처럼 내리고 있었고 온 세상이 온통 붉게 물들어 있었다. 하지만 교위의 모습은 어디에도 없었다.

"이놈이… 나를 속였구나!"

그때 그의 뒤에 고인 핏물에서 돌연 구렁이들이 튀어나와 사납게 달려들었다.

조금 후 핏빛 비가 멈추자 사람들은 뒤늦게 쓰러져 있는 서련을 발견하였다. 급히 그를 관사로 옮겼으나 그는 며칠을 넘기지 못하고 끝내 숨을 거두었다. 그 후 구렁이는 다시 모습을 드러내지 않았고 고을에서는 더 이상 괴수에게 처녀를 바치지 않게 되었다.

서 판관 덕에 어려움에서 벗어난 고을 사람들은 그의 죽음을 몹시 안타까워하며 그 유해를 고향인 홍성으로 보내 주었고 굴 앞에 그의 뜻을 기리는 비석을 세워 주었다. 구렁이가 죽자 서련이 그곳의 수호신이 된 것이었다.

이 굴은 현재 제주시에 위치한 김녕사굴로, 제주도에서는 서련이 구렁이를 퇴치한 이야기를 표현한 '용놀이'와 같은 굿이 전승되고 있다고 한다.

차원이동을 경험한
두 선비

#단양 #차원경험 #남굴

　북쪽으로는 영월과 접하고 남쪽으로는 문경과 경계를 둔 단양
은 예로부터 아름다운 곳으로 이름이 높았다. 일찍이 정도전은
이곳의 명승 도담삼봉을 사랑하여 자신의 호를 '삼봉'이라 지었
고, 퇴계 이황은 이곳의 군수를 지내며 아름다운 여덟 곳을 뽑아
'단양팔경'이라 이름 짓기도 하였다. 조선시대의 문인들 중엔 이
곳의 명성을 모르는 자가 없었고 유람 온 이들의 발걸음이 끊이
질 않았다.

한번은 두 선비가 명성을 듣고 단양을 찾았다. 그들은 절경에 취해 유람하며 즐거운 시간을 보냈는데 며칠이 지나니 더 이상 둘러볼 곳이 없었다. 두 사람은 아쉬운 마음이 들어 지나가는 고을 사람에게 물었다.

"이곳에 잘 알려지지 않은 신비한 곳이 있소?"

그러자 고을 사람이 가만히 생각하더니 말했다.

"음… 남굴은 가 보셨는지요?"

"남굴이라…? 그곳은 어떤 곳이오?"

"도담삼봉 남서쪽에 있는 곳인데 그 안이 매우 조용하고 헤아릴 수 없을 만큼 깊어 아무도 그 끝을 본 사람이 없지요."

"강을 낀 곳에 끝이 없는 굴이라… 가히 가 볼 만한 곳이구나!"

선비들은 호기심이 일어 크게 기뻐하며 곧장 횃불을 준비하여 굴로 향했다.

과연 굴은 그 안이 매우 고요하고 기이하였다. 끝없이 이어지는 길은 넓어지다가도 좁아지고 낮았다가도 높아지는 것이 그 형태를 종잡을 수 없었고 어찌나 깊은지 아무리 들어가도 끝이 보이지 않았다. 두 선비는 기이해 하면서도 계속해서 걸어 들어갔다.

즐겁게 굴속을 들어가던 두 사람이었지만 수십 리를 걸어도 끝이 나오지 않자 점점 지쳐가기 시작했다. 횃불이 점점 힘을 잃어가고 배도 참을 수 없이 굶주려 오니 포기하고 돌아가려 하였다. 그렇게 뜻을 모아 뒤를 돌려던 찰나 앞서가던 선비가 문득 걸음을 멈추더니 위를 바라보았다.

"무슨 일인가?"

뒤를 따라 가던 선비가 의아하여 그가 바라보는 곳을 따라 보니 갑자기 천장이 높게 솟아 있었는데 그 끝에 웬 별 같은 것 하나가 옅게 빛나고 있었다.

'저게 무엇이란 말인가?'

횃불을 들어 그것을 밝혀 보려 했으나 천장은 횃불이 그 끝에 닿지 않을 만큼 높았다. 두 선비는 조금 더 걸어서 들어가 보기로 하고 가던 길을 나아갔다.

조금 후 굴 저 편에서 빛 한 줄기가 새어나오는 것이 보였다. 그곳은 동굴의 끝이었다. 두 사람은 기뻐하며 발걸음을 재촉했고 빛은 점점 환해지더니 마침내 바깥이 나왔다.

두 선비는 주린 배를 채우기 위해 서둘러 민가를 찾았다. 마침 멀리서 밭두둑과 마을이 있는 것이 보여 기뻐하며 그쪽으로 가서 가까운 집에 들어가 말했다.

"이보시오. 우리가 먼 길을 와서 그러니 먹을 것을 조금 내어 주실 수 있겠습니까?"

집주인은 아무런 대꾸도 하지 않았다. 선비들은 언짢았지만 몹시 배가 고팠으므로 다시 한 번 청했다.

"남은 것이라도 좋으니 좀 내어 주시지요."

그는 또다시 대답을 하지 않았다. 없는 사람 취급을 받자 선비 하나가 분을 이기지 못하고 그의 몸을 붙들고 소리쳤다.

"어찌 사람을 이리 무시할 수 있소!"

그런데 그 사람의 몸짓이 이상하였다. 소스라치며 선비의 손을 떨쳐내는데 그 눈이 허공을 보고 있었다.

"으, 으악!"

그러고는 부엌에 들어가더니 귀신을 쫓듯 물에 밥을 말아 마당 밖에 뿌리는 것이었다.

"귀신아, 썩 물러가라!"

두 선비는 기이함을 느꼈다.

"다른 곳에 가 보세."

하지만 다른 집도 마찬가지였다. 모두 보이지 않는 듯하다 오직 그들이 몸을 세게 건들 때만 반응을 하였다.

두 사람은 하는 수 없이 주린 배를 부여잡고 왔던 길을 따라 돌아가려 했으나 왔던 길을 되돌아 나갈 엄두가 나질 않았다. 더군다나 아무리 헤매도 온 길을 찾을 수 없었다. 그러다 어느 계곡에 이르렀을 때쯤 한 선비가 말했다.

"저기 굴이 있네!"

계곡 안에 위로 나가는 길이 나 있었다. 그런데 그 모습이 이상하고 기괴했다. 보통 굴은 땅속으로 향하기 마련인데 이 굴은 위를 향하고 있었기 때문이었다.

한 순간 주변이 바뀌었다. 두 선비가 놀라 어리둥절하며 주변을 둘러보니 그곳은 강을 끼고 있는 봉우리 위였다. 마침 배 한 척이 물길을 따라 들어오고 있었으므로 크게 소리쳤다.

"이보시오! 기다리시오!"

그러고는 서둘러 봉우리 아래로 내려갔다. 그러자 뱃사공도 그들을 발견하고는 근처 물가에 배를 대었다.

"이곳이 어디요?"

뱃사람이 말했다.

"옥순봉입니다."

옥순봉은 두 선비가 얼마 전 구경한 팔경 중 하나였다. 그들이 들어간 굴로부터 강을 건너 백 리는 족히 떨어져 있는 곳이었다. 그들은 알 수 없는 고을을 거쳐 지하로 강을 건넌 것이었다.

이 이야기는 신돈복이 겸재 정선(조선 후기의 이름난 화가)에게 직접 들은 것을 자신의 저서 《학산한언》에 기록한 이야기다. 정선은 〈도담삼봉〉을 그리기도 하였으므로 단양에 갔다가 두 선비를 만나 이야기를 들었을 것으로 보인다.

신돈복은 이 이야기와 함께 옛날 중국의 기록에 나와 있는 비슷한 일을 전한다.

명나라 때의 지리책 《대명일통지(중국 명나라의 이현 등이 편찬한 지리책으로 90권에 달한다)》에 따르면 광신부에 귀계현 귀곡산 귀곡동이라는 칠흑같이 어두운 고을이 있는데 그 옆에 좁은 동굴이 있어 한 사람이 동굴 깊숙한 곳에 가 보니 또 다른 사람 사는 세상이 있었다고 한다.

단성식이 지은 《유양잡조(당나라의 단성식이 신기하고 괴이한 이야기를 모아 엮은 책)》에도 당나라 문종 때 영흥방의 손왕을이라는 백성이 우물을 파다 그곳에서 사람들의 소리와 짐승 우는 소리가 들려와 두려워 그만두었다는 기록도 있다.

남굴이라 이르는 굴은 현재 단양에 있는 '온달굴'인 것으로 보인다. 온달굴로부터 두 선비가 빠져나온 옥순봉에 이르기까지의 거리를 재보면 직선거리로 약 26km정도 된다.

또한 중간에 강을 두고 있으므로 선비들은 굴속의 다른 세계를 통해 강보다 깊이 들어가 굴을 통해 나온 것이다.

선비들이 경험한 곳은 진짜로 다른 차원의 세계가 아니었을까?

三

괴이하고
요사하며
그리고 신기한

셋.

조선의
귀신 이야기

비 오는 날의 외다리 귀신,
독각귀

#역병귀신 #질병 #괴인

⌘

조선 중기의 재상 이유가 홍문관에 있던 시절 한번은 종묘 옆 언덕을 지나게 되었다. 그날은 비가 내렸기에 그곳을 오가는 사람이 드물었다. 그런데 웬 가마 하나가 언덕 위에서 내려와 이유의 옆을 지나갔다.

"너무 걱정 말거라. 자리만 옮기면 금방 낫게 될 게야…"

지나가며 그들이 하는 이야기를 들어보니 젊은 부인이 몹쓸 병에 걸려 어디론가 피접을 가는 듯하였다.

"젊은 여인이 참으로 안 되었구나…"

이유는 그렇게 생각하며 그들을 뒤로 하고 계속해서 길을 나아갔다. 그런데 잠시 후 언덕 위로 질퍽거리는 소리가 들려오기 시작했다.

쿵… 쿵…

이유가 소리가 들려오는 언덕 위를 바라보니 커다란 형체 하나가 뛰어 내려오고 있었는데 그 모습이 몹시 기괴했다. 다리를 붙인 채 몸을 솟구쳐 뛰어오고 있는 것이었다. 이유는 눈을 찌푸려 형체의 모습을 자세히 살펴보았다.

형체는 짚으로 된 모자를 깊게 눌러쓰고 도롱이를 두른 사내였는데, 좀 더 자세히 보니 다리를 붙인 것이 아니라 다리 한쪽이 없어 그나마 있는 다리를 구르며 뛰어오는 것이었다.

기괴한 모습에 이유가 그를 빤히 바라보고 있으니 괴인도 이내 그를 발견했는지 더욱더 빠르게 다리를 구르며 이유에게로 다가왔다.

이윽고 이유 앞에 이른 괴인은 솟구치기를 멈췄다. 그는 이유를 바라보며 거친 숨을 몰아쉬었다. 이유가 모자 아래 비치는 그의 낯을 살펴보니 괴인은 횃불 같은 두 눈으로 그를 노려보고 있었다.

기괴한 사내가 다가와 흉측한 눈으로 말없이 노려보기만 하니 이유는 섬뜩하여 온몸의 털이 곤두서는 듯했다. 그때 괴인이 대뜸 물었다.

"가마를 보지 못했느냐?"

이유는 왠지 사내에게 사실을 이르면 안 될 것 같은 생각이 들어 거짓으로 답했다.

"보지 못했소."

그러자 괴인은 대꾸하지 않고 계속해서 가만히 이유의 얼굴을 쏘아보더니 이내 다시 몸을 솟구쳐 가던 방향으로 뛰어갔다. 괴인이 가마가 간 곳으로 향하니 불길함이 든 이유는 말머리를 돌려 급히 괴인의 뒤를 쫓았다.

괴인은 제생동에 이르러 몸을 한 차례 높이 솟구치더니 어느 집 담벼락 안으로 들어가 버렸다. 이유는 놈을 쫓아 그 집에 이르러 대문을 두들겼다.

"이보시오! 어서 문을 열어 보시오!"

잠시 후 집 주인이 나왔는데 그는 다름 아닌 이유의 친척이었다. 이유가 놀라 물었다.

"아니, 어르신께서 여기는 어인 일이십니까?"

"자네야말로 내가 여기 있는 것을 어찌 알았는가? 우리는 방금 이곳에 피접을 온 길이네."

이야기는 이랬다. 친척의 며느리가 몇 달 전 알 수 없는 병에 걸려 사경을 헤매게 되었는데 갖가지 방법을 써도 차도를 보이지 않았다. 그래서 오늘 가마를 타고 이 집에 피접을 왔다는 것이었다.

주인은 침통한 목소리로 덧붙였다.

"집을 떠나자 며늘아기의 의식이 돌아왔다네. 그런데 이곳에 도착하자 방금 전 다시 의식을 잃었지 뭔가."

이유는 섬뜩하여 물었다.

"부인을 볼 수 있겠습니까?"

그러자 주인은 어리둥절해 하며 며느리가 있는 곳을 알려 주었다. 이윽고 이유가 그곳에 이르러 방문을 열어 보니 누워 있는 부인의 머리맡에 아까 보았던 괴인이 흉측한 다리를 쭈그리고 앉아 있었다.

"이놈이…!"

분노에 찬 이유가 죽일 듯이 괴인을 노려보자 괴인이 갑자기 몸을 솟구치더니 방 밖으로 나가 버렸다. 달아난 곳을 살펴보니 뜰 한편에 서 있었다.

이유는 괴인에게 다가가 또다시 사납게 노려보았다. 그러자 이번에는 지붕 위로 올라갔다. 이유는 계속해서 놈에게 눈을 떼지 않고 뚫어져라 쳐다보았다. 그러자 괴인은 이내 한차례 공중으로 크게 솟구치더니 어디론가 그 모습을 감추어 버렸다.

괴인이 다시 모습을 드러내지 않자 사경을 헤매던 부인이 갑자기 깨어났다. 그녀는 방금 전까지 의식이 없던 사람이라고는 믿기지 않을 만큼 조금의 앓은 기색도 보이지 않았다. 괴인이 사라지니 병이 씻은 듯 나은 것이었다.

이유는 집안사람들에게 자신이 겪은 일을 이야기해 주었고 집안사람들은 크게 기뻐하며 그에게 감사해 마지않았다. 이유 또한 안심하고 돌아갔다.

　그런데 얼마 후 그에게 급한 소식이 들려왔다. 부인이 다시 병을 앓기 시작했다는 것이었다.

　"내가 없어지니 이놈이 다시 모습을 나타냈구나…"

　이유는 곧바로 부인이 있는 곳으로 돌아가 큰 종이에 자신의 이름을 가득 적은 뒤 이를 잘게 잘라 방 벽에 빽빽이 붙였다.

　"이러면 내가 방에 있는 것과 같으니 감히 귀신이 들어오지 못할 것이오!"

　이후 부인은 정말로 또다시 같은 병에 다시 걸리지 않았다고 한다.

낮에 나타나는 귀신,
그슨새

#전설 #제주도귀신 #목신

⌘

먼 옛날 제주도 평대리에 한 농부가 살고 있었다. 그는 비자림 근처의 밭에서 일하곤 했는데 하루는 일이 일찍 끝나 근처 밭에서 일하는 친구와 함께 돌아가기 위해 그의 밭으로 향했다. 그렇게 조금을 걸어가니 저 멀리 친구가 밭 한가운데서 소를 끌고 있는 것이 보였다.

'아직 일이 안 끝났나 보군.'

농부는 친구 쪽을 보며 천천히 걸어가고 있는데 갑자기 친구가 괴이한 행동을 하기 시작했다. 그가 끌던 소를 갑자기 멈추더니 소의 고삐 줄을 풀어 자신의 목에 감는 것이었다.

'저 친구가 더위를 먹었나?'

농부는 걸어가며 자세히 보니 그는 자신의 목에 감은 밧줄을 졸랐다 풀었다 반복하고 있었다. 심상치 않음을 느낀 농부가 발걸음을 재촉하고 있는데 친구는 이내 고삐 줄을 들고 근처 비자나무 아래로 들어갔다. 그러고는 나무에 줄을 묶어 목을 매고 몸을 축 늘어뜨리는 것이었다. 놀란 농부는 친구에게 달려갔다.

"이게 뭐하는 짓인가!"

황급히 줄을 풀고 친구의 얼굴을 보니 그는 넋이 나가 있는 듯보였다. 시간이 조금 지난 뒤 친구가 정신을 차리자 농부는 어떻게 된 일인지를 물었다. 그러자 친구가 대답했다.

"혼자 밭을 갈고 있었는데 허공에 웬 도롱이 같이 생긴 자가 나타나 내 목에 줄을 거는 것이 아니겠나? 놈이 하늘에서 줄을 딩겼다 풀었다를 빈복하는데 숨이 막혀 꼼짝없이 죽을 뻔하였네. 마침 자네가 와서 다행이야."

농부의 친구를 죽이려 한 귀신은 제주도에 전해 내려오는 '그슨새'로 사람을 홀려 죽음에 이르게 한다고 전해진다. 그슨새는 곡식을 덮어놓는 '주젱이'라는 제주도식 우장을 쓴 모습을 하고 있는데 이는 도롱이를 입은 외다리 귀신인 '독각귀'와 비슷한 생김새다.

다만 독각귀가 중국에서 유래된 질병을 옮기는 귀신인 반면 그슨새는 사람을 홀려 스스로 죽게 만드는 제주도에서만 전해 내려오는 귀신이다. 귀신들은 보통 원한을 품고 생겨나 사람들에게 해를 끼치는데 그슨새는 특이하게도 별다른 이유 없이 사람을 홀려 죽게 만든다고 전해진다.

일반적으로 귀신들은 밤에 나타나지만 그슨새는 낮에만 그 모습을 보이며 혼자 있는 사람만을 노린다. 또한 갑자기 하늘에서 나타나기에 벗어나기 매우 어려운데 주변에 다른 사람이 나타나면 곧 사라진다고 한다.

그슨새라는 말은 제주도 방언으로 '지붕을 잇는 그을린 띠'라는 뜻도 가지고 있지만 글자를 나누어 보면 '그슨'은 옳지 못함을, '새'는 사악한 기운을 의미한다고 한다. 때문에 이 글자들이 합쳐져 '그슨새'라는 이름이 생겨났다는 추측이 존재하기도 한다.

비슷한 예로 원통함을 품은 어린 아이 귀신인 '새타니'가 있는데 새타니의 '새'도 같은 식으로 해석되기도 한다. 제주도에는 이 새타니에 대한 전설도 전해 내려오기 때문에 꽤 일리가 있는 추측으로 보인다.

제주도에는 그슨새 외에도 사람을 홀려 죽이는 귀신의 이야기가 많이 전해 내려온다.

오래전 제주도 김녕 땅에 사는 한 포수는 어느 날 사냥을 하기 위해 산에 들어갔다가 높은 언덕을 오르게 되었는데 어깨에 멘 총을 그만 떨어트리게 되었다. 총은 계속해서 아래로 굴러 떨어지다 웬 구덩이 속으로 들어갔다. 이를 본 포수가 욕지거리를 하며 내려가 구덩이 속을 보니 구덩이는 마치 아래로 난 동굴처럼 매우 깊게 파여 있어 그 끝이 보이지 않을 정도였다.

하지만 이대로 총을 잃어버리면 밥을 굶을 것이 뻔했기에 포수는 하는 수없이 총을 찾으러 구덩이에 내려가기로 했다. 구덩이는 발이 닿지 않을 만큼 깊었기 때문에 그는 근처 나무에 밧줄을 단단히 묶어 놓고 그 줄에 의지해 천천히 구덩이 속으로 내려갔다. 그렇게 구덩이로 들어가고 있는데 갑자기 밧줄이 흔들리기 시작했다.

포수가 위를 올려다보니 구덩이 위에서는 누군가 말없이 포수를 내려다보고 있었다. 포수는 그자의 얼굴을 보려했으나 구덩이 아래로 쏟아지는 햇빛 때문에 보이지 않았다.

"거기 누구요?"

히지만 대꾸가 없었다. 뭔가 알 수 없는 섬뜩함을 느낀 포수는 황급히 밧줄을 타고 다시 올라가려 하던 그때 위에서 사각사각거리는 소리가 들리기 시작했다. 바로 그 정체불명의 형체가 밧줄을 자르고 있는 것이었다. 줄은 이내 끊어졌고 포수는 그대로 구덩이 아래로 떨어져 버렸다.

포수는 부러진 다리를 붙잡고 고통에 신음하며 구덩이 위를 바라보았지만 이미 그자는 사라지고 없었다. 그렇게 깊은 구덩이에 빠진 포수는 혹 사람이 지나갈까 싶어 몇 날 며칠을 계속해서 소리를 질렀다. 다행히도 산에 올랐던 다른 사람들에게 발견되어 목숨을 건지게 되었다.

　마을로 옮겨진 그는 사람들에게 이 이야기를 전했지만 범인을 잡을 수 없었고 포수는 시름시름 앓다가 끝내 숨을 거두었다.

　사람들은 이런 끔찍한 일을 목신木神의 소행이라 생각했다. 목신이란 사람들을 유인하여 죽이는 귀신인데, 그슨새도 이 목신에 속한다. 이 귀신은 주로 여자의 모습으로 혼자 있는 사람에게 접근해 홀린 뒤 바다나 구덩이에 떨어트려 죽이는데 대상이 정신을 차리거나 눈치를 채는 등 상황이 여의치 않으면 다시 남자의 모습으로 나타나 강제로 잡아 끌어 떨어트려 죽인다고 전해진다.

　그 충격 때문인지 목신에게 잡힌 사람은 운 좋게 살아남아도 대개 얼마 지나지 않아 죽었다고 한다. 주로 포수나 먼 길을 떠나는 사람들이 이 목신에게 당했다는 이야기가 많은데 그 이유는 아마 이들이 인적 드문 산에 혼자 가는 경우가 많았기 때문일 것이다. 괴이한 점은 이런 비슷한 이야기가 제주도 각지에서 전해진다는 것이다.

　그들이 만난 건 정말 귀신이었을까?

살아 돌아올 수 없는
유배지

#거치녀 #갑산괴 #임진왜란

⌘

조선 중기 허봉이라는 양반이 있었다. 그는 동인의 영수 허엽의 아들로 친형제인 허균, 허난설헌과 함께 뛰어난 글재주로 이름이 높은 사람이었다. 그는 이러한 재주를 바탕으로 일찍이 벼슬길에 올랐다.

당시 조선의 조정은 동인과 서인으로 나뉘어 치열한 당쟁을 벌이던 때였으므로 그 또한 아버지를 따라 동인 편에 서게 되었고 나중에는 서인과의 대립에 앞장서는 인물이 되었다.

그러던 어느 날 같은 동인이었던 송응개, 박근원과 함께 병조판서 이이를 탄핵하였는데 이 일로 그만 선조의 화를 사게 되었다.

"이 간사한 놈들이 오로지 당의 이득을 위해 어진 선비들을 모함하고 나라를 혼란스럽게 하는구나. 여봐라, 송응개와 박근원은 각각 회령과 강계로, 허봉은 갑산에 유배시키도록 하라."

이에 신하들은 매우 놀라 어쩔 줄 몰라 했다. 그들의 유배지가 하나같이 험한 북변인데다 허봉이 명 받은 갑산은 한 번 가면 반드시 죽는다고 알려진 악명 높은 곳이었기 때문이었다. 신하들은 입을 모아 선조를 말렸다.

"전하, 갑산은 몹시 험한 곳으로 그곳에서 자란 사람이 아니면 병들지 않는 자가 없고 귀양간 자가 살아서 돌아온 경우도 드물었습니다. 허봉의 죄가 없는 것은 아니나 그처럼 재능 있는 자가 그곳에 갔다 죽어 사라진다면 성덕에 누가 될까 두렵습니다."

탄핵을 받았던 당사자인 이이 또한 이를 과하다 여겼는지 직접 나서 임금을 말렸다.

"허봉은 나이가 젊어 경망할 뿐 본래 간사한 자는 아닙니다. 그의 재주가 아깝습니다."

하지만 선조는 신하들의 만류에도 끝내 뜻을 굽히지 않았다.

"다스려야 할 죄가 있는데 어찌 그냥 둘 수 있겠는가. 과인의 뜻은 정해졌으니 속히 저들의 관작을 삭탈하고 명한대로 귀양 보내도록 하라."

그렇게 유배길에 오른 허봉은 산을 넘고 또 산을 넘어 한참을 고생한 끝에 갑산 땅에 이르렀다. 그곳은 과연 소문대로 첩첩산 중의 험지였는데 날씨는 또 어찌나 추운지 바람이 불 때마다 마치 칼이 살을 발라내는 듯하였다.

허봉이 도착하자 고을 사람들이 하나둘 모습을 내비쳤는데 그 얼굴들이 하나같이 핏기가 없고 몹시 야위어 보였다. 허봉이 관리를 불러 물었다.

"이 고을의 사정이 어떻게 되오?"

그러자 관리가 탄식하며 답했다.

"이곳은 땅이 척박하여 들에서는 곡식이 잘 자라지 않고 산에서는 삼의 싹을 찾아보기 어렵습니다. 그나마 잡히는 담비의 가죽을 팔아 입에 풀칠을 하려 해도 주어진 역이 무거워 그마저도 남아나는 것이 없습지요. 이렇듯 살기가 어려우니 매년 역을 피해 도주하는 사들이 끊이질 않는데 다른 곳에 간다 한들 출신을 숨길 수 없으니 살아남기가 어려운 것은 마찬가지인데다, 남은 자들은 도주한 자의 몫까지 역을 떠안게 되니 저희는 이곳을 떠날 수도 이곳에서 제대로 살 수도 없습니다."

관리의 참담한 이야기를 들은 허봉은 무거운 마음으로 고을 사람들을 둘러보았다. 그런데 허봉을 보는 그들의 시선이 매우 냉담하였다. 허봉은 속으로 생각했다.

'안 그래도 없는 살림에 부양해야 할 입이 하나 더 늘었으니 저들이 나를 원망할 만하구나…'

허봉은 편치 않은 마음으로 유배지에서의 생활을 시작했다.

그러던 어느 날 하루는 허봉이 집안에 머물고 있는데 바깥이 몹시 소란스러웠다. 문을 열어 보니 기이하게도 대낮임에도 온 사방이 캄캄하였다. 기이하게 여긴 허봉이 하늘을 올려다보니 해가 달에게 까맣게 삼켜지고 있었다.

'일식이 일어났구나…!'

하지만 사람들이 모여 있는 곳을 보니 소란의 이유는 비단 일식 때문만은 아닌 듯 보였다. 그들은 한 곳에 모여 고을 옆 산등성이를 바라보고 있었는데 어떤 이는 비명을 지르고 어떤 이는 놀라 나자빠지는 것이 예삿일이 아닌 듯 보였다.

허봉이 급히 그곳으로 가 보니 산중턱에 커다란 여자 하나가 흉측한 눈으로 고을을 내려다보고 있었다.

'저게 무엇이란 말인가…?'

머리를 가슴까지 풀어헤친 요괴는 톱니 같은 이빨을 드러내고 흉측한 눈을 부릅떠 고을을 노려보고 있었는데 늘어뜨린 양 손에는 각각 활 한 장과 타오르는 불을 쥐고 있었다. 그 같은 섬뜩한 광경에 허봉과 고을 사람들은 두려움에 몸이 굳어 어찌할 바를 몰랐다.

잠시 후 소식을 들은 고을의 군사들이 그곳에 이르렀다. 병졸들 또한 괴이한 요괴의 모습에 아연실색하였으나 언제 놈이 들이 닥칠지 몰라 급히 전열을 갖추고는 크게 북을 울리며 요괴를 향해 일제히 활을 쏘았다.

그럼에도 요괴는 전혀 물러설 기미를 보이지 않았다. 오히려 당장이라도 손에 쥔 불로 고을을 불태우기라도 할 듯 더욱 사납게 그들을 노려볼 뿐이었다. 허봉도 가만히 있을 수만은 없어 곧장 귀신을 쫓는 글인 축려문을 지어 요괴를 향해 읊었다. 하지만 역시나 소용없는 짓이었다.

창칼을 든 군사들도, 글을 배운 선비도 요괴를 물리치지 못하니 이제 고을 사람들에게 남은 것은 죽음뿐인 듯 보였다. 하지만 허봉과 고을 사람들은 포기하지 않고 병졸들을 도와 함께 찢을 듯이 북을 울리고 있는 힘을 다해 활시위를 당겼다.

그러자 요괴가 한차례 크게 몸을 뒤틀더니 이내 뒤를 돌아 숲속으로 발걸음을 옮기기 시작했다. 군졸들과 고을 사람들이 함성을 지르며 더욱 매섭게 놈을 다그치니 요괴는 이내 산등성이에 몸을 숨기고는 다시 모습을 드러내지 않았다.

그 후 허봉이 갑산에서 요괴를 만난 이야기는 널리 퍼져 그의 아버지 동문이자 도가와 주역의 대가로 이름난 박지화라는 선비에게도 전해졌다. 그는 이야기를 가만히 듣더니 깊이 탄식하며 말했다.

"상서롭지 못한 일이구나… 이는 여인이 활과 불을 들고 있는 모양이니 십년 안에 이 나라에 큰 재앙이 들이닥칠 것이다…!"

그 일이 있은 뒤 허봉은 과거 인연이 있던 류성룡의 도움으로 무사히 유배지에서 벗어날 수 있었다. 하지만 그곳에 머물며 무슨 생각이 들었는지 이후 들어오는 관직들을 모두 마다하고 세상 일에 일절 관심을 끊은 채 집을 떠나 방랑생활을 시작하였다. 얼마 후 악명 높은 유배지에서 살아 돌아온 것이 무색하게 젊은 나이에 객지에서 숨을 거두었다.

그리고 몇 년 뒤 박지화의 말대로 과연 십년이 채 되지 않아 정말로 조선에 큰 재앙이 불어 닥치는데 바로 임진왜란이었다.

계집 녀女자와 활을 닮은 사람 인亻자 그리고 불을 닮은 벼 화禾자가 합쳐지면 왜나라 왜倭자가 되니 그가 바로 본 것이었다.

이 요괴는 톱니 같은 이빨을 가졌다하여 '거치녀' 혹은 갑산에 나타난 괴물이라는 뜻으로 '갑산괴'라고도 불린다.

과연 조선에 재앙을 예고한 괴물의 정체는 무엇이었을까?

재주는 가졌으나

　허봉과 그의 아버지 허엽, 형제인 허성, 허초희(허난설헌), 허균은 당대의 명문장가들로 '허씨 오 문장'이라 불리웠다. 집안사람들이 모두 재주가 뛰어나니 허씨 집안은 수재 집안으로 이름이 높았다.

　하지만 하늘은 그들에게 재능은 주고 안락한 삶은 허락하지 않았는지 그들의 삶은 하나같이 기구하였고 특히나 그 말로가 몹시 비참하였다.

　허엽은 임지에서 병을 얻어 집으로 돌아오는 길에 객지에서 사망하였고, 허성 또한 관직을 삭탈당하고 성 밖으로 추방된 뒤 객사하였으며, 허난설헌은 불행한 혼인생활을 하다 젊은 나이에 요절하였다. 또한 허균은 역적으로 몰려 능지처참을 당하니 허엽 대에 와 크게 이름을 떨치기 시작한 허씨 집안의 번영은 2대를 넘기지 못하고 완전히 몰락하였다.

아들의 목숨을 건
귀신과의 도박

#문경새재 #사람의수명 #귀신과의힘겨루기

⌘

조선 후기 한 지체 높은 양반이 있었다. 그는 성품이 굳세기로 이름이 높았는데 어찌나 강직했던지 사람들은 그를 이렇게 평하곤 했다.

"저 분은 평생 다가올 화복에 근심하거나 두려워하신 적이 없었을 게야."

그는 벼슬에 오른 뒤 여러 높은 자리를 두루 지내다가 경상도 관찰사로 부임하게 되었다. 임명을 받고 부임지로 향하는 길에 도성과 경상도를 잇는 문경새재를 넘게 되었는데 아전 하나가 그에게 달려와 아뢰었다.

"대감, 여기서부터는 잠시 가마에서 내리셔야 합니다."

"무슨 일이냐?"

"이곳을 무탈하게 지나시려면 산마루에 있는 사당에 가서 절을 올리고 공양을 하셔야 합니다."

관찰사가 자세한 이야기를 들어보니 이곳에는 예로부터 존재해온 귀신이 있는데, 비록 잡귀이긴 하나 그 영험함이 자못 대단하여 고개를 넘는 자들 중 공양하지 않는 자가 있으면 산을 넘는 사이 반드시 화를 입힌다는 것이었다.

그래서 새재를 넘고자 하면 신분의 고하를 막론하고 모두 사당에 들어가 예를 올리고 재물을 바쳐 굿을 한다는 것이었다. 이야기를 들은 관찰사는 얼굴에 노기를 띠며 말했다.

"헛된 소리를 잘도 지껄이는구나. 계속 나아가라."

관찰사가 무시하고 계속 나아가려 하자 새재의 이야기를 들은 적 있는 다른 관리들까지 나서서 그를 재차 말렸다.

"이전 관찰사분들도 모두 사당에 들러 공양을 한 뒤에 고개를 넘으셨습니다. 대감께서 가셔야 할 길이 앞으로도 많이 남아 있는데 혹여나 귀신이 앙심을 품고 해를 끼칠까 두렵습니다."

그러자 관찰사가 말했다.

"백성들의 고혈을 빠는 그런 잡귀가 진정 존재한다면 공양은커녕 무거운 벌을 내려야 마땅할 것이다. 앞으로 그런 허황된 소리를 또다시 입에 담는 자들이 있다면 무거운 벌로 다스릴 것이다."

관찰사는 엄명을 내린 뒤 행차를 강행하여 새재를 넘어갔다. 그런데 기이하게도 새재를 벗어나자마자 돌연 비바람이 거세게 몰아치기 시작했다.

"귀신이 곡할 노릇이구나…"

기이한 날씨 변화에 좌우 종자들이 웅성대며 두려워하자 관찰사가 매우 노하며 소리쳤다.

"나랏일을 맡은 관리를 어찌 잡신 따위가 막을 수 있단 말이냐! 당장 산마루에 올라가 그 요사스러운 잡귀의 사당에 불을 지르거라. 조금이라도 망설이는 자는 그 목을 벨 것이다."

관찰사의 불호령에 종자들은 어쩔 수 없이 횃불을 들고 가 사당에 불을 붙이자 귀신의 사당은 마치 기름이라도 부은 듯 순식간에 불에 타서 무너져 내렸다.

"어디 한 번 그 하찮은 재주를 다시 부려 보거라."

사당을 불태워 버린 관찰사는 험한 날씨를 뚫고 계속해서 길을 재촉해 나아갔다.

그리고는 날이 저물어 새재에서 하루를 묵어가게 되었다.

"이놈! 나는 새재의 산신이다."

잠들었던 관찰사가 눈을 떠보니 소의 머리를 한 흉측한 귀신이 그의 눈앞에 있었다. 귀신은 당장이라도 입에서 불을 뿜을 듯 사납게 그를 다그쳤다.

"내가 이곳에 자리 잡아 공양을 받아온 지 오래거늘 너는 내게
제사를 올리지 않은 것도 모자라 내 사당을 불태웠다. 그 죄가 얕
지 않으니 네 자식의 죽음으로 그 죗값을 치르게 될 것이다."

귀신의 이 말을 들은 관찰사가 소리쳤다.

"이놈! 중요한 길목에 틀어 앉아 백성들의 피를 빠는 너를 벌하
여 내 직분을 다하였거늘 어디서 그 따위 요망한 말을 내뱉느냐?"

"대감…! 대감! 어서 일어나시지요."

주변에서 다급하게 깨우는 소리에 정신을 차려 보니 모든 것
이 한바탕 꿈이었다.

"무슨 일이냐?"

"큰 도련님께서 여독 때문인지 지금 사경을 헤매고 있습니다!"

관찰사가 놀라 급히 큰 아들에게 가 보니 낮까지만 해도 멀쩡
하던 아들이 매우 위중하여 이미 살릴 수 없는 지경에 이르러 있
었다. 아들의 숨은 이내 끊어졌고 관찰사는 크게 통곡하며 아들
의 장례를 치러 주었다.

다시 본영에 돌아온 그날 밤 또다시 귀신이 그의 꿈에 나타났다.

"그렇게 잘못을 뉘우치지 않더니 슬피 통곡하는 꼴이 우습더
구나… 당장 사당을 다시 지어 놓거라. 잘못을 깨닫지 못하고 계
속해서 나를 거스른다면 내일은 네 둘째 아들의 염을 하게 될 것
이다."

귀신이 관찰사를 겁박하였으나 그는 이번에도 전혀 두려워하지 않으며 귀신을 꾸짖었다.

"이 간사한 요괴야. 내가 한 일에 그릇됨이 없거늘 어찌 감히 그런 요망한 말로 또다시 나를 농락하려 드는 게냐?"

그러자 귀신이 말했다.

"…하는 수 없구나."

그때 집안사람들이 급하게 관찰사를 깨웠다.

"대감…! 대감…!"

관찰사가 정신을 차려 보니 역시 꿈이었다. 그는 자신을 둘러싼 이들을 보고 물었다.

"무슨 일이냐?"

"둘째 도련님이 돌연 비명을 지르시더니 숨을 쉬지를 않습니다."

"이런 요망한 귀신을 보았나…"

관찰사는 급히 아들에게 가 보았으나 이미 때는 늦었다. 그는 다시 크게 통곡하며 아들의 상을 치러 주었고 상이 끝나자 어김없이 다시 길을 떠났다. 그렇게 산을 벗어날 즈음 또다시 그의 꿈에 귀신이 나타났다.

"이대로 산을 벗어난다면 네 자식들은 모두 떠나가고 너 혼자 남게 될 것이다. 아직 셋째 아들의 목숨이 붙어 있으니 어서 돌아가 사당을 다시 짓거라. 내 사당만 되돌려 놓는다면 더 이상의 화는 피할 수 있을 것이다."

하지만 관찰사는 흔들리지 않는 눈빛으로 귀신을 쏘아보며 말했다.

"너의 겁박에 못 이겨 사당을 짓게 된다면 네놈이 또다시 사람들의 고혈을 쥐어짤 것이 뻔한데 내 어찌 그런 망령된 말에 현혹되겠느냐?"

그러자 귀신이 더욱 거칠게 그를 다그쳤다.

"네 두 아들은 저승에 가서야 비로소 저들의 죽음이 아비 때문임을 깨닫고 지하에서 너를 원망하며 기다리고 있을 것이다. 너의 그 보잘 것 없는 고집 때문에 마지막 아들까지 끝내 죽여야 후련하겠느냐? 그렇게 된다면 과연 네놈이 죽어서도 편안할 성 싶으냐?"

그러자 관찰사가 말했다.

"어차피 명은 주어진 것. 스스로 떳떳하면 그뿐, 너의 그런 말은 두렵지 않다. 어서 썩 꺼지거라."

그러고는 분연히 칼을 빼어들더니 귀신을 베어 버리려 했다. 칼은 귀신을 통과해 허공을 벨 뿐이었지만 귀신이 이를 보더니 갑자기 낯빛을 바꾸고 서서히 뒤로 물러났다. 그러고는 바닥에 엎드려 말했다.

"이대로 산을 떠나시면 저는 의지할 데가 없어집니다. 저는 사실 화복을 다스리지 못합니다. 다만 미리 알 수 있을 뿐이지요. 대감의 두 아드님은 원래 젊어서 죽을 명이었습니다. 명이 다가오고 있던 차에 제가 감히 하늘의 공을 훔쳐 대감을 겁박한 것입니다. 셋째 아드님은 죽을 때가 되지 않았고 장차 크게 되실 분입니다. 어찌 저 같은 잡신이 하늘을 거스르고 감히 해할 수 있겠습니까? 없는 말을 지어 대감을 겁박한 것은 고주(노름꾼이 마지막 승패를 겨룸을 이르는 말)를 한 것이었습니다. 허나 대감께서 끝내 올바름을 지키시니 저로서는 당해낼 방도가 없습니다. 이제 저는 영원히 떠나도록 하겠습니다."

귀신은 말이 끝나고 그대로 자리를 떠나려 하자 관찰사가 귀신을 불렀다.

"네가 이곳이 아니면 갈 곳이 없는 것을 아는데 내 어찌 까닭 없이 그 보금자리를 거두려 했겠느냐? 너의 사당을 불태운 이유는 네가 요사스러운 힘으로 사람들을 착취하고 괴롭혔기 때문이다. 그런데 마침내 스스로 잘못을 뉘우쳤으니 불쌍히 여길 만하구나. 내가 너의 사당을 다시 지어 주겠다."

그러고는 덧붙였다.

"단 또다시 같은 악행을 저지른다면 곧바로 다시 부숴 버리는 것은 물론 그 어디에서도 다시는 자리 잡지 못하게 할 것이다."

그러자 귀신이 눈물을 흘리며 말했다.

"감사합니다, 대감. 반드시 약속을 지키도록 하겠습니다."

그리고는 이내 사라져 버렸다.

날이 밝자 관찰사는 산마루에 다시 사당을 짓도록 명했고 꿈에서 본 귀신의 모습 그대로 빚어 주었다. 그 이후 관찰사는 별다

른 변고 없이 무사히 부임지에 도착할 수 있었고, 문경새재에서
도 귀신이 행인들을 괴롭히는 일이 더 이상 일어나지 않았다고
한다. 또한 관찰사의 셋째 아들은 귀신이 말한 대로 훗날 높은 지
위를 누렸다고 한다.

 귀신의 말대로 관찰사의 첫째와 둘째 아들의 명은 정말 정해
져 있었을까?

악취로 사람을 죽이는 귀신,
취생

#냄새귀신 #천예록 #귀신과의담력배틀

⌘

조선 중기 함경도 변방에 용맹하기로 이름난 무인 하나가 있었다. 그는 담력이 좋고 무예가 뛰어나 야인과의 싸움에서 매번 큰 공을 세우곤 하였다. 그럼에도 그는 세우는 공에 비해 받는 것이 적었는데 그의 뒷배가 없었기 때문이었다. 하지만 그는 이를 크게 개의치 않았고 아무리 험한 일일지라도 주어진 자리에서 묵묵히 최선을 다할 뿐이었다.

그러던 어느 날 함경도의 높은 관리가 그를 찾아왔다. 별 볼일 없는 지방 무변에게 높은 관리가 찾아오니 무인은 의아한 생각이 들었다. 관리가 그에게 말했다.

"자네에게 드디어 좋은 제안이 들어왔네."

"그게 무엇입니까?"

"아래 고을의 자리가 비었으니 자네가 그곳 원을 맡아 주게."

무인이 의아하여 물었다.

"저는 한낱 이름 없는 말단 장수에 지나지 않습니다. 어찌 이렇게 큰 자리를 제게 주시려 합니까?"

"자네의 용맹함은 온 함경도 사람 중 모르는 사람이 없을 정도라네. 그간 궂은일을 오래 하였으니 이제 그에 맞는 대우를 받는 것이 당연한 것 아니겠나?"

그러고는 서둘러 인수를 떠안기고는 급히 자리를 떠났다. 관리가 떠나자 주변 사정에 밝은 동료 장수 하나가 그에게 다가와 측은하다는 듯 말했다.

"이제 자네 차례가 온 모양이로구먼."

"그게 무슨 소린가?"

"그 고을은 몇 년 전부터 흉한 소문이 돌고 있다네. 새로운 사또가 부임하면 꼭 열흘째 되는 날 귀신이 나타나 그들을 죽인다지 뭔가? 벌써 대여섯 사람이나 그곳에 갔다 화를 당했으니 아무도 가려 하지 않을 걸세. 그래서 배경 없는 나나 자네 같은 사람들을 보내려 하는 듯하이."

하지만 무인은 그러한 이야기를 듣고도 아무렇지 않은 듯 태연하게 말했다.

"싸움터에 나가 야차 같은 적들과 뒤엉켜 피를 뒤집어쓰는 것이 내 일인데 요물이나 귀신이라고 두려울 것이 뭐 있겠나? 귀신이 영험하다는 말은 들어봤어도 구분 없이 사람을 죽일 수 있다는 이야기는 들어본 적이 없네. 내 자네 이야기를 들으니 놈을 꼭 보고 싶어졌네."

그러고는 채비를 하여 곧바로 발령받은 고을로 향했다. 해가 저물 때쯤 그가 관아에 도착하자 그를 본 관리들이 수군거리는 소리가 들려왔다.

"용맹한 분이라 들었는데… 참으로 아까우이."

무인은 아랑곳 하지 않고 관리에게 고을에 대해 물었다.

"이 고을에 요물이 나타난다 들었다. 놈에 대해 이야기해 보거라."

그러자 관리가 아뢰었다.

"귀신은 열흘마다 모습을 드러내는데, 놈을 본 자들은 빠짐없이 죽게 되어 그 정확한 생김새는 알 수 없습니다. 다만 옅은 구름과 함께 풍기는 그 냄새로 귀신이 오고감을 가늠할 뿐입니다."

"냄새라니? 놈이 무슨 냄새를 풍기더냐?"

"고기 썩는 냄새와 비슷한데 살면서 그리 지독한 냄새는 맡아본 적이 없습니다."

"냄새를 풍기는 귀신은 또 처음 들어보는구나."

시간이 흘러 초경(오후 7~9시)에 이르자 과연 어디선가 고기 썩는 냄새가 풍겨 오기 시작했다. 가만히 앉아만 있어도 머리가 어지럽고 시야가 흐려질 정도의 악취였다. 귀신의 냄새는 저녁이 될 때마다 풍겨 오기 시작했고 시간이 갈수록 심해져만 갔다.

그렇게 시간이 흘러 열흘째 되는 날 곧 귀신이 나타날 것을 알아챈 관아의 관리들은 하나둘 달아나기 시작했다. 무인은 그들을 내버려 두다가 마지막에 달아나는 하인 하나를 붙잡아 명했다.

"오늘 악취는 어제보다 더할 것이니 견디기 어려울 것이다. 도주하는 것은 좋으나 가서 술 한 독을 가져온 뒤 가거라."

하인은 그의 배짱에 혀를 내두르며 술독을 갖다놓고는 그대로 내뺐다. 그는 술 한 독을 몽땅 들이킨 채 귀신이 나타나길 기다렸다.

날이 어두워지더니 담장 너머로 바깥에서 짙은 안개가 피어오르기 시작했다. 그러더니 어떤 형체 하나가 문 앞에 다다라 문틈 사이로 스며들어 왔다. 관아에 들어온 형체는 그 모습이 마치 구름과 같아 형태가 분명하지 않았는데 오직 맨 위 가장자리에 반짝이는 두 개가 있으니 그것이 눈인 듯했다. 그는 놈이 들어오자마자 분연히 일어나 소리쳤다.

"웬 놈이 사또의 안전에 들어오느냐!"

그러자 형체는 멈춰서 반짝이는 눈으로 그를 노려보았다. 그러고는 안개를 퍼트려 그의 몸을 감싸려 들었다. 이에 그는 칼을 뽑아 들더니 크게 고함을 치며 구름으로 된 놈의 몸을 내리쳤다.

그러자 칼은 안개를 가르지 않고 그 가장자리에 부딪히며 뇌

성벽력과 같은 굉음을 내었다. 그러자 놈의 두 눈빛이 희미해지더니 이내 허공에 어지러이 흩어져 버렸다. 그뿐만 아니라 냄새 또한 씻은 듯 사라졌다. 그는 칼을 떨어트리고 그 자리에 쓰러져 버렸다.

다음 날 도망쳤던 이들이 하나둘 다시 관아에 나타나 관아 안을 들여다보니 마당 한가운데에는 그가 쓰러져 있고 그 옆에 그의 칼이 떨어져 있었다.

"그토록 기개가 높아도 귀신은 못 당하나 보네."

그들은 그가 죽었을 것이라 생각하며 그의 시신을 옮기려 했다. 그런데 그중 하나가 말했다.

"잠깐, 뭔가 이상하지 않은가? 여태껏 사또들은 모두 앉은 자리에서 꼼짝도 하지 못하고 죽었는데 이번 사또는 어찌 이곳에 죽어 있는 것인가?"

그때 그가 벌떡 일어나 허리를 세우고 앉았다. 이에 관리들은 기절초풍하며 뒤로 나자빠졌다.

"누가 죽었다고 그러느냐!"

그는 죽지 않고 술에 취해 자고 있던 것이었다. 귀신은 그 후로 다시는 나타나지 않았다고 한다.

이 이야기가 담겨 있는 《천예록(임방이 조선 후기에 편찬한 야담집)》에는 다음과 같이 평한다.

무릇 사람이 귀신을 만나 죽는 것은 비단 귀신이 악해서만이 아니라 사람들이 지나치게 귀신을 두려워하기 때문이기도 하다.

—《천예록》중에서

역병이 창궐한 곳에
홀로 남겨진 선비

#독각귀 #어우야담 #자기희생

⌘

조선 중기 권벽이라는 양반이 있었다. 그에게는 어렸을 적부터 알고 지낸 오랜 벗이 하나 있었는데 하루는 그에 대한 안 좋은 소식을 듣게 되었다.

"자네의 옛 친구 있지 않은가? 그의 집안이 글쎄, 모두 역병에 걸려 위급한 상태라고 하네."

이 소식에 놀라 자세한 이야기를 들어보니 벗의 온 집안이 몹쓸 병에 걸려 주인이나 종 할 것 없이 모두 죽어 가고 있는데 병이 옮을까 두려워 아무도 도와주려 하지 않는다는 것이었다. 이

야기를 들은 권벽은 고민도 하지 않고 자리에서 일어나 나설 채
비를 하였다.

"그렇다면 내가 약이라도 가져다 주어야 겠네."

그러자 주변에서는 하나같이 그를 말렸다.

"이보게! 절대 아니 되네. 갔다가 병이라도 옮아오면 어쩌려고
그러나? 산 사람은 살아야지 않겠는가?"

그러자 권벽이 결연하게 말했다.

"죽고 사는 것은 명에 달려 있다 하였네. 어찌 그것이 두려워
어려움에 처한 벗을 저버릴 수 있겠는가?"

그러고는 주변의 만류를 뿌리치고 그 길로 약을 구하여 친구
의 집으로 향했다. 한참을 걸어 친구의 집에 도착하니 집안에 인
기척이 느껴지지 않았다. 대문을 열고 들어가니 마당에 종들이
뒤엉켜 죽어 있었다. 권벽은 이런 끔찍한 광경에 참담해 하며 시
신들을 피해 걸어 들어갔다.

그가 뜰에 이르자 누군가 안쪽에서 문을 열어 밖을 바라보았
다. 바로 권벽의 벗이었는데 얼굴이 몰라볼 정도로 매우 상해 있
었다. 그는 이내 권벽을 알아보고는 버선발로 뛰어나와 그를 붙
잡고 서럽게 흐느꼈다.

"사람들이 모두 피해도 자네만큼은 와 주리라 믿었네. 자네가
와 주었으니 나는 이제 살았네."

권벽은 구해온 약을 벗에게 건네주었고 그를 위로하며 그날
밤 벗과 함께 잠자리에 들었다.

쿵! 쿵! 쿵!

한밤중 권벽은 이상한 소리에 잠에서 깨어 정신을 차려 보니 옆자리에 같이 누워 있던 벗이 자리에 없었다. 자리에서 일어나 대청에 나가 보았지만 낮에 보았던 뒤엉킨 시체들뿐이었다.

"이보게, 어디 있는가?"

마당에서 소리쳐 보았지만 친구는 집안에 없는지 돌아오는 대답이 없었다. 그가 무슨 영문인지 어디론가 가 버린 듯해 보였다.

권벽도 집으로 돌아가려 했으나 밤이 깊은데다 갑자기 비까지 내리기 시작하여 돌아갈 수 없었다. 권벽은 밤이 지나길 기다리며 대청에 앉아 있다 자신도 모르게 깜빡 잠에 들었다.

쿵, 쿵, 쿵, 쿵, 쿵

'어디로 도망간 거지?'

권벽은 또다시 들려오는 이상한 소리에 잠에서 깨어났다. 눈을 떠보니 비가 그치려는 듯 가랑비만 부슬부슬 내리고 있는데 담장 너머로 알 수 없는 형체가 지나갔다. 달빛이 희미하여 잘 보이지는 않았으나 그 형체는 필시 사람처럼 보였다.

'어디로 도망간 거지?'

형체는 알 수 없는 말을 중얼거리며 담장 밖을 이리저리 돌아다녔다. 그런데 자세히 보니 형체는 하나가 아닌 둘이었다. 그들은 정신없이 쿵쿵 대며 뛰어다니다 대문 옆에서 갑자기 움직임을 멈추더니 고개를 돌려 권벽이 있는 대청 쪽을 바라보았다. 그러고는 순식간에 몸을 담장 위로 솟구쳐 마당 안으로 들어왔다.

두 괴인은 삿갓과 도롱이를 쓰고 있었는데 둘 다 다리가 하나밖에 없었다. 마당에 들어온 괴인들은 담장 앞에서 집안을 두리번거리다 이내 권벽이 앉아 있는 쪽을 향해 고개를 멈추더니 끔찍한 미소를 지으며 말했다.

"여기 있다…!"

그러고는 다시 한 번 몸을 솟구쳐 권벽의 지척에 섰다. 두 괴인은 거친 숨을 몰아쉬며 불타는 듯 이글거리는 눈으로 권벽을 노려보았다. 그 눈이 어찌나 흉측한지 두려움에 온몸이 굳어 옴짝달싹할 수 없을 정도였다.

하지만 권벽은 이내 정신을 차리고 앞에 선 괴인의 눈을 똑바로 쳐다보았다. 그러자 괴인은 분이 치밀어 오르는 듯 더욱 거칠게 숨을 쉬며 잡아먹을 듯 그를 노려보았다.

그런데 그때 뒤에 서 있던 괴인이 갑자기 노려보기를 멈추더니 나지막이 말했다.

"이보게, 그는 권정승이네… 우리가 범할 수 없네."

그러자 앞에 선 괴인이 한차례 큰 한숨을 내쉬더니 갈고리 같은 눈을 거두었다. 그러고는 또다시 몸을 솟구쳐 담장 밖으로 나가더니 어딘가를 향해 급히 뛰어갔다. 사라진 그들에 권벽은 안도하였으나 그들의 모습과 행동이 몹시 수상하여 그대로 가만히 둘 수 없었다.

'저들의 흉악한 모습을 보니 내가 아니더라도 다른 이들을 반

드시 해할 것이 뻔하다. 어찌 혼자 살겠다고 저들을 그대로 두겠는가?'

그러고는 집을 나와 그들을 따라가기 시작했다.

괴인들을 따라 옆 고을에 이르니 그들이 담장을 넘어 한 허름한 집에 들어가는 것이 보였다. 이를 본 권벽도 그 집에 들어가기 위해 발걸음을 재촉했다. 그런데 집 앞에 이르니 갑자기 안에서 통곡하는 소리가 들려왔다.

"으아아아아!"

급히 들어가 보니 괴인들은 온데간데없고 사람들이 누군가의 시신을 둘러싸고 통곡하고 있었다. 권벽은 사람들을 헤치고 들어가 쓰러진 자를 보았다. 그는 권벽의 벗이었다.

어떻게 된 일인고 하니, 권벽의 벗인 그의 집에는 어느 날인가부터 외다리 귀신들이 나타나 병을 옮겨 집안사람들이 하나둘 죽어 나갔다. 권벽의 벗은 남은 식구들을 살리기 위해 다른 마을에 식구들을 숨겨 두고 자신만 홀로 남아 귀신에게 죽기를 기다리고 있었다. 그런데 마침 오랜 친구가 찾아오니 자기 대신 그를 남겨 두고 홀로 도주한 것이다. 하지만 귀신들은 그의 얄팍한 수에 속지 않았고 끝내 그를 찾아가 죽인 것이었다.

이 이야기가 담겨 있는 《어우야담》에서 유몽인은 다음과 같이 평한다.

권벽은 자신을 희생하여 남을 구하였지만 그의 벗은 은혜를 저버

리고 친구를 팔아 도망쳤다. 그의 그런 마음이 비할 데 없이 나쁘

니 귀신이 그를 마땅히 죽인 것이다.

—《어우야담》중에서

머리를 깨서 죽이는 귀신,
두억시니

독각귀처럼 질병을 옮기는 귀신은 여러 야담에서 그 모습을 보인다. 다음은 임방이 쓴 야담집인 《천예록》에 나오는 내용이다.

한 관리가 경사를 맞아 큰 잔치를 열었다. 집안의 사람과 친척들을 한데 모으고 더불어 먹고 마시며 즐기니 집안에 웃고 떠드는 소리가 가득했다. 잔치가 한창일 즈음 안주인은 가까운 여인들을 불러 안방에 둘러앉아 즐겁게 담소를 나누고 있었다. 그런데 손님 한 명이 문득 꺼림칙한 표정으로 물었다.

"저 놈이 아까부터 까닭 없이 우리를 사납게 노려보고 있는데 누구집 종이오?"

이 소리에 방 안의 주인과 손님들이 일제히 고개를 돌려 문 쪽을 바라보니 웬 아이 하나가 방 밖에서 방 안을 들여다보고 있었다. 아이는 열다섯 남짓 되어 보였는데 갈고리 같은 눈을 부릅뜨고 있는 것이 자못 소름 돋는 데가 있었다.

주인과 손님들은 서로 번갈아 보며 누구 종인지를 물었으나 누구도 아는 사람이 없었다. 그중 한 사람이 아이를 꾸짖었다.

"웬 놈이길래 안방 마루 근처에 서 있는 것이냐? 썩 물러나지 못할까!"

하지만 아이는 꿈쩍도 하지 않고 계속해서 가만히 방 안을 들여다볼 뿐이었다. 이에 노한 안주인은 곧장 계집종을 시켜 아이를 끌어내게 하였다. 하지만 아이는 아랑곳하지 않고 그대로 서서 물러날 생각을 하지 않았다.

화가 치밀어 오른 사람들은 장정들을 불러 아이를 끌어내게 하였다. 그런데 기이하게도 장정 대여섯이 달려들어도 아이는 땅에 박힌 듯 꿈쩍도 하지 않았다. 밧줄로 몸을 묶어 대청 아래에서 당겨도 보았지만 그 또한 소용이 없었다.

주인과 손님들은 거칠게 욕을 하며 아이를 나무랐다.

"움직이지 않겠다면 스스로 움직이게 하는 수밖에 없겠구나!"

그러고는 힘센 무인들을 불러 아이를 쫓아내도록 하였다. 무인들 너덧이 큰 몽둥이를 들고 와 아이를 있는 힘껏 내리치는데 돌연 한차례 벼락과 같은 소리가 집안에 크게 울렸다.

우레와 같은 소리에 사람들은 놀라 모두 나자빠졌다. 잠잠해지자 하나둘 고개를 들어 아이를 보니 아이가 털끝 하나 다치지 않고 그대로 서 있었다. 사람들은 그제야 아이가 예사 사람이 아님을 깨닫고 모두 엎드려 빌기 시작했다.

"무례를 용서해 주십시오…!"

그러자 아이는 사나운 눈으로 이들을 내려다보더니 이내 피식 웃고는 마침내 걸음을 옮겨 대문 쪽으로 걸어갔다. 그리고 문턱을 넘자마자 귀신처럼 허공 속에 모습을 감추었다. 사람들은 모두 불길하게 여기며 너 나 할 것 없이 잔치 자리를 파했다.

아니나 다를까, 다음 날부터 기이한 일이 일어나기 시작했다. 잔치에 왔던 사람들이 하나둘 독한 전염병에 걸려 쓰러지기 시작한 것이었다.

그런데 그들은 하나같이 아이에게 구박을 했던 사람들이었다. 욕한 마디, 매 한 대라도 아이에게 해를 끼친 이들은 빠짐없이 몸져 누워 사경을 헤매니 사람들은 모두 아이의 소행이라 여겼다.

몸져 누운 이들은 며칠을 견디지 못하고 모두 죽어 버렸는데 그 마지막이 모두 몹시 참혹하였다. 모두 까닭 없이 머리가 부서지며 죽어 버렸기 때문이다. 많은 이들이 까닭 없이 잔혹하게 죽어 나가자 사람들은 두려워하며 아이를 일컬어 '두억시니'라 불렀다. 하지만 어디서 생겨났는지, 무슨 까닭으로 찾아왔는지는 그 누구도 아는 이가 없었다.

도대체 아이의 정체는 무엇이었을까?

조광조 입 속에 들어간
가뭄귀신

#조광조의개혁 #귀신의은혜갚기 #기묘사화

⌘

조선 중기 한 젊은 선비는 개국공신의 후손이었지만 그가 태어날 때쯤엔 이미 가세는 몰락한 뒤였고 일찍이 아버지를 여읜 뒤 홀로 과거를 준비하고 있었다.

하루는 방문을 열어 두고 책을 읽고 있었는데 느닷없이 천둥소리가 들려왔다. 문 밖을 바라보니 조금 전까지도 화창하던 날씨가 우중충하더니 곧 하늘에 구멍이라도 난 듯 비가 쏟아지기 시작했다.

"이상한 일이구나…"

집안이 어두워지자 선비는 촛불을 켜고 계속해서 책을 읽었다. 그런데 문 쪽에서 무언가 서 있는 듯한 서늘한 기운이 느껴졌다. 선비는 살며시 고개를 돌려 열린 문 쪽을 바라보았다. 그곳엔 웬 아이 하나가 말없이 서 있었다.

"웬 놈이냐?"

비에 흠뻑 젖은 더벅머리 아이는 사색이 다 되어 가는 낯빛으로 말없이 다가와 선비의 옆에 앉았다. 그러고는 선비만 들릴 정로로 조그맣게 속삭였다.

"나는 가뭄을 일으키는 귀신이오… 벽력이 느닷없이 찾아와 죽게 되었으니 나를 좀 도와주시오…"

선비는 아이가 문에 서 있을 때부터 섬뜩함을 느꼈지만 스스로 다가와 귀신이라고 밝히니 모골이 송연해졌다. 하지만 이내 귀신을 크게 꾸짖었다.

"이놈! 네놈이 백성들의 피를 빼는 기뭄귀신인데 어찌 너를 도와준다는 말이냐!"

선비가 꾸짖자 귀신은 자세를 고쳐 앉더니 애처롭게 빌기 시작했다.

"대인만이 저를 도와줄 수 있습니다. 제발 나를 살려 주시오…"

귀신이라고는 하나 아이의 모습으로 그렇게 한참을 비니 선비의 마음에 측은함이 일었다. 결국에는 끝내 귀신을 도와주기로 마음먹었다.

"내가 어떻게 도우면 될지 말해 보거라."

아이 귀신은 울기를 멈추고 말했다.

"저를 도와주실 수 있는 방법은 매우 쉽습니다… 그저 잠시 눈을 감고 입을 벌리고 계시면 됩니다."

선비는 이상한 요구에 다시 한 번 섬뜩함을 느꼈으나 이미 도와주기로 마음을 먹은 터라 이내 눈을 감고 입을 벌렸다. 그러자 무언가가 바람처럼 목구멍을 지나 속으로 들어가는 것이 느껴졌다. 이에 놀라 눈을 떠보니 바로 앞에 앉아 있던 귀신은 온데간데 없었다.

바로 그때 천둥이 크게 치더니 아까 아이가 서 있던 문 자리에 웬 거구의 무사 하나가 나타났다. 무사는 선비에게 말했다.

"귀신 하나가 이쪽으로 왔을 텐데 혹 보지 못했소?"

선비가 대답했다.

"나는 모르는 일이오."

그러자 무사는 재차 추궁했다.

"그놈은 가뭄을 일으키는 잡귀요. 어서 내놓으시오."

하지만 선비는 완강하게 버텼다.

"내 분명 못 보았다고 말하지 않았소?"

두 사람이 실랑이를 벌이고 있을 때 정체불명의 목소리가 공중에 크게 울렸다.

"뇌공, 시간이 없다. 가뭄귀신은 그놈의 뱃속에 있으니 배를 갈라 잡아 오거라."

느닷없이 허공에 목소리가 울리는 데다 무사에게 자신의 배를 가르라고 명하기까지 하니 선비는 등골이 오싹하고 소름이 돋았다. 그런데 뇌공이라 불린 무사는 난색을 보이며 대답했다.

"이 분은 하늘이 내린 분입니다. 제가 벌을 받을지언정 차마 죽일 수는 없습니다."

그리고는 계속해서 선비에게 귀신을 내놓을 것을 재촉했다. 하지만 선비가 끝까지 완강하게 버티며 내어놓기를 거부하니 무사는 잡귀를 눈앞에서 놓친 것이 매우 분통했는지 크게 통곡하고는 갑자기 사라져 버렸다.

뇌공이 떠나자 얼마 지나지 않아 비가 완전히 그쳤다. 그러자 선비의 목구멍에서 귀신이 빠져나왔다.

"이 은혜는 꼭 갚도록 하겠습니다. 오늘은 이렇게 떠나지만 훗날 꼭 만날 기회가 있을 것입니다."

그리고는 넙죽 절을 하더니 허공으로 사려져 버렸다.

선비는 이후 몇 년을 더 공부하여 진사시를 장원으로 급제하였고 벼슬길에 오르게 되었다. 그가 바로 중종 때의 학자이자 정치인인 정암 조광조(조선 중종 때의 문신, 성리학자이자 개혁을 추진하던 정치가)였다. 관직에 오른 조광조는 여러 가지 정책으로 조선을 개혁하고자 분투했으나 끝내 그 꿈을 이루지 못하고 기묘사화 (조선 중종 때 일어난 사화로, 남곤의 훈구파가 성리학에 바탕을 둔 신진파인 조광조, 김정 등을 죽이거나 귀양을 보냈다)로 실각하여 유배를 가게 되었다.

유배길에 오른 조광조가 배에 올라 바다를 바라보며 마음을 다스리고 있는데 갑자기 풍랑이 일기 시작했다. 바람은 점점 거세져 얼마 지나지 않아 배가 뒤집힐 지경에 이르렀고 조광조는 한탄했다.

"하늘이 이제 나를 버리셨구나…!"

배 위의 사람들은 하나 같이 죽기 싫어 안간힘을 쓰고 있는데 뱃머리 쪽에 사람 형상 하나가 태연히 앉아 있는 것이 보였다. 조광조가 기이하게 여겨 자세히 보니 그는 다름 아닌 오래전 자신이 살려준 가뭄귀신이었다.

다만 다른 사람들은 귀신을 보지 못하고 조광조만 그를 볼 수 있는 듯했다. 귀신이 뱃머리에 앉자 풍랑은 곧 거짓말처럼 가라앉았다. 조광조가 다시 뱃머리를 보니 가뭄귀신은 사례할 틈도 없이 떠나고 이미 없었다.

과거 사람에게 해를 끼치는 가뭄의 귀신이라 하여 도와줄지를 망설였지만 그 귀신이 풍랑을 잠재워 조광조를 살려준 것이었다. 그 덕분에 조광조는 무사히 유배지에 도착할 수 있었다.

그렇게 유배지에 도착한 그였지만 가뭄귀신의 힘도 거기까지였는지 그는 한 달 만에 사약을 받아 숨을 거두게 되었다.

이성계와 칠성신

#문하시중 #정성다한치성 #칠성신

⌘

고려시대 말 개경의 한 상인이 옆 고을에 장사를 하러 갔다가 일을 마치고 집으로 돌아가고 있었다. 그런데 숲을 가로질러 가는 도중 해가 넘어가기 시작했다.

'아직 갈 길이 꽤나 남아 있는데 이거 큰일이로구나…'

남은 거리를 헤아려 보니 날이 저물기 전에는 고을에 다다를 수 없어 보였다. 상인은 하는 수 없이 나아가기를 멈추고 하룻밤 묵어 갈 만한 곳을 찾아 주변을 살피기 시작했다.

하지만 한참을 둘러보아도 온통 풀과 작은 나무들뿐 좀처럼 마땅한 곳이 눈에 들어오지 않았다. 날이 저물면서 숲 속은 금세 칠흑같이 변해 갔고 상인의 마음은 조급해져만 갔다. 그러던 중 조금 떨어진 곳에 웬 커다란 고목이 서 있는 것이 보였는데 그 몸통 가운데에 사람이 들어갈 만한 커다란 구멍이 뚫려 있었다.

'옳거니, 저 곳이라면 밤새 짐승의 눈을 피할 수 있을 것이다!'

상인이 그곳에 가까이 다가가 구멍 안을 들여다보니 과연 한 사람이 몸을 누이기에 충분해 보였다. 상인은 마침내 안도하며 구멍 속으로 비집고 들어가 고단한 몸을 뉘었다.

그런데 상인이 잠에 들려던 찰나 어디선가 그를 부르는 소리가 들려왔다.

"계시오?"

느닷없는 사람의 목소리에 상인이 놀라 살며시 눈을 떠보니 수풀 저 편에서 웬 관복을 입은 자 하나가 서 있었다. 그는 상인이 있는 나무 쪽을 가만히 응시하고 있었다.

'나를 부르는 것인가…?'

상인은 무언가 이상함을 느꼈다. 남자가 아무런 기척도 없이 나타난 데다 칠흑같이 어두운 데도 나무 구멍 속에 숨은 자신을 단번에 알아보았기 때문이었다.

또한 남자의 얼굴에서 묘한 광채가 흘러나와 어둠 속에서도 또렷이 보이니 두려운 마음까지 들기 시작했다. 선뜻 대답을 하지 못하고 망설이고 있는데 또 다른 목소리가 들려왔다.

"무슨 일이시오?"

그런데 그 소리는 나무 위에서 들려오고 있었다.

'위에 누가 있는 것인가…!'

상인은 몹시 놀라 입을 틀어막았다. 들어올 때 미처 보지 못한 사람이 나무 위에 있던 것이었다. 정체불명의 두 사람은 계속해서 이야기를 나눴다.

"오늘 문하시중(고려시대 최고의 관직)이 칠성신께 정성을 드린다 합니다. 내 그곳에 가서 밥이라도 얻어먹을까 하는데 함께 가시겠소?"

나무 위의 사람이 답했다.

"오늘은 어려울 듯하네. 손님이 와서 말이야…"

상인은 등줄기가 서늘해지는 것을 느꼈다. 손님이라 함은 자신을 뜻하는 것이 분명했기 때문이었다. 나무 위의 남자는 이미 상인이 있는 것을 알고 있던 것이었다. 관복을 입은 자는 더는 말 없이 고개를 끄덕이더니 숲 저편으로 사라져 버렸디.

상인은 두려움에 숨이 멎는 듯하였다. 당장이라도 달아날까 고민도 하였으나 머리 위에서 자신의 움직임을 기다릴 것을 생각하니 쉽게 그럴 수도 없는 노릇이었다.

'이를 어찌한단 말인가…'

이러지도 저러지도 못하고 나무에 웅크려 숨을 죽이고 있는데 관복을 입은 남자가 사라진 방향에서 웬 불빛이 보였다. 자세히 보니 아까 보았던 그 남자였다. 나무 위에서 목소리가 들려왔다.

"어찌 이리 금방 돌아오셨소?"

"칠성신께서 몹시 노하셨네. 제사 음식이 불결하다고 말이야. 나도 밥 한 그릇 얻어먹지 못하고 돌아오는 길이네. 성인들의 말씀을 들어보니 문하시중이 조만간 큰 화를 입게 될 것 같네."

그러고는 숲 저편으로 모습을 감추었다. 신들에 대해 이야기하는 것이나 묘한 차림새를 하고 있는 것으로 보아 그들도 신령한 자들임에 틀림이 없어 보였다. 상인은 나무 위의 사람이 내려올까 걱정하며 뜬 눈으로 밤을 지새웠다.

다행히도 나무 위의 사람은 내려오지 않았고 날이 밝자 상인은 조심스레 구멍 밖으로 나와 나무 위를 살펴보았다. 그곳에는 아무도 없었다. 상인은 혹여라도 나무 위의 남자를 마주칠까 두려워 급히 그곳을 빠져나와 달음박질쳤다.

무사히 숲을 빠져나온 상인이 놀란 가슴을 쓸어내리며 집으로 향하는데 마침 시중의 집 앞을 지나게 되었다.

'문하시중이 조만간 큰 화를 입게 생겼구먼…'

상인은 문득 간밤에 들은 꺼림칙한 말이 생각났다. 그래서 지나가는 사람에게 물으니 정말로 지난밤 시중이 집에서 신들에게 제사를 지냈다는 것이었다. 상인은 잠시 고민하다 시중 댁으로 갔다.

"내 급히 아뢸 것이 있으니 시중을 뵙게 해 주시오!"

하지만 문지기는 그를 막고 들여보내 주지 않았다.

"웬 놈이냐! 시중께서는 지금 재계 중이시니 들어갈 수 없다."

상인은 재차 청했다.

"이대로 오늘을 넘기면 큰 화를 피할 수 없을 것이오!"

상인의 그 말에 문지기 또한 그의 말을 괴이하게 여겨 시중에게 알렸다. 잠시 후 시중이 그를 불러들였다.

"무슨 일이냐?"

"나리, 오늘밤에 치성을 올리셔야 합니다."

시중이 의아해 하며 물었다.

"제사라면 이미 어제 올렸다. 무슨 치성을 또 올린다는 말이냐?"

상인은 간밤에 자신이 겪은 일에 대해 소상이 아뢰었다. 그러자 시중은 잠시 고민하다 답했다.

"이야기가 자세한 것이 자네가 거짓을 고하는 것 같지는 않군. 좋네. 내 오늘 다시 정성을 다해 치성을 드릴 테니 자네는 어제 그 나무에 가서 반응을 살펴 주게."

상인은 명을 받들어 간밤에 머물렀던 나무로 나는 듯 달려갔다.

그리고 밤이 깊자 지난날과 같이 관복을 입은 남자의 목소리가 들려왔다.

"계시오?"

"오늘은 무슨 일이오?"

"시중이 또다시 치성을 드린다 하오. 함께 가시겠소?"

"오늘도 손님이 왔으니 난 갈 수 없소."

그러자 관복을 입은 자가 숲으로 사라졌다. 그리고 한참 후에 다시 그 모습을 드러냈다.

"오늘은 어쨌나?"

"시중이 오늘은 어제와 다르게 정성껏 제사를 지냈더군. 여러 성인들도 만족스럽게 흠향을 하셨는데, 어찌나 마음에 드셨던지 맨 첫 자리에 있던 분이 보답을 하지 않을 수 있겠냐며 다른 분들과 함께 그에게 상 줄 것을 논의하셨네."

"그래서 무어라 하시던가?"

"의논 끝에 삼한 땅을 상으로 줄 것이라 하셨네. 문하시중이 조만간 큰 복을 받게 되겠구먼."

"내 오늘은 따라가지 못한 것이 한이오."

이윽고 관리가 모습을 감추자 상인은 구멍에서 나와 곧장 시중에게 가 이 사실을 전했다. 그러자 시중은 매우 기뻐하며 상인에게 후한 상을 내렸다.

그리고 몇 년 후 그 시중은 과연 삼한을 얻게 되니 그가 바로 조선을 건국한 태조 이성계였다.

四

넷.

예나
지금이나

무섭고
잔인한
인간의 욕심

무인도에 갇혀
18년을 산 선비

#신돈복 #학산한언 #인간의욕심

조선시대 한 젊은 선비가 있었다. 그는 본래 이름난 관리의 아들로 유복한 어린 시절을 보냈으나 성년이 되기 전 갑작스레 아버지를 여의면서 어려운 처지에 놓이게 되었다. 하지만 그는 절망하지 않고 주경야독하며 글공부를 게을리하지 않았고 마침내 늦지 않은 나이에 과거에 급제하게 되었다.

그는 벼슬길에 오른 후에도 뛰어난 재주로 중요한 관직을 두루 거치며 승승장구하였고 나중에는 한 관찰사의 눈에 들어 그의 사위가 되기도 하였다.

그러던 어느 날 하루는 평소 알고 지내던 승려가 있어 옆 고을 사찰에 들렀다. 그곳에 이르러 승려와 담소를 나누며 절을 거닐고 있는데 수풀 속에서 이상한 소리가 들려왔다.

선비가 대화를 멈추고 고개를 돌려 소리가 나는 쪽을 바라보니 숲 안쪽에서는 온몸이 검은 무언가가 숨을 헐떡이며 뛰어오고 있었다. 온몸이 검은 털로 뒤덮인 생물이었는데 그 생김이 짐승 같으면서도 두 발로 뛰어오는 것을 보면 사람 같기도 하였다.

기이한 광경에 두 사람은 도망가는 것도 잊고 겁에 질려 가만히 모인을 바라보았다. 모인은 점점 가까워지더니 마침내 숲을 빠져나와 두 사람 앞에 이르렀다. 그러고선 힘이 다했는지 그대로 바닥에 쓰러져 버렸다.

선비와 승려는 쓰러진 모인을 자세히 살펴보았다. 그런데 얼굴의 털을 걷어 보니 그 아래 있는 이목구비가 영락없는 사람의 모습이었다. 갑자기 모인이 숨이 넘어갈 듯 거칠게 숨을 토하기 시작했다. 놀란 선비는 승려와 함께 그를 들쳐 업고 사찰의 방으로 옮겼다.

두 사람이 방에 들어와 모인을 눕히자 그의 몸이 닿은 바닥이 붉게 물들었다. 그의 몸을 살펴보니 여기저기 살이 찢겨 피가 흐르고 있었다. 상처 모양을 보니 채찍을 맞은 흔적 같기도 하였다.

마침 정신이 들었는지 모인의 손가락이 움찔거렸다. 그러고는 힘겹게 눈을 떠 자신 옆에 앉은 선비와 승려를 번갈아 보고는 이내 안도하는 듯 한숨을 내쉬고 눈물을 흘리기 시작했다.

"이보시오… 정신이 좀 드시오?"

그러자 모인은 손가락으로 방바닥에 무엇인가를 썼다.

'紙筆(지필, 종이와 붓을 주시오)'

선비와 승려는 몹시 놀라 서둘러 붓과 종이를 가져왔다.

그리고 그의 손에 붓을 쥐어 주니 모인은 글을 써 내려가기 시작했다.

'나는 본래 조선의 관리였소…'

조선의 이름난 관리였던 그는 어느 날 급작스러운 명을 받게 되었다. 중국으로 가는 사신단에 그가 포함된 것이었다. 관리는 마음이 심란하였다.

당시 중국으로 가는 뱃길은 몹시 험하여 풍랑을 만나 돌아오지 못하는 경우가 허다했기 때문이다. 오죽하면 떠도는 말에 사신 파견을 피하기 위해 문과 급제를 하지 말아야 한다는 말까지 있을 정도였다.

하지만 이미 내려진 명이 엄했으므로 그는 하는 수 없이 사신단 배에 오르게 되었다. 그렇게 출항하고 얼마 후 연안을 벗어나 큰 바다에 이르자 끝내 걱정하던 일이 벌어졌다. 바다 한가운데서 큰 풍랑을 만난 것이었다.

성난 파도는 금세라도 배를 집어 삼킬 듯 요동쳤고 배는 그 위에서 가랑잎처럼 위태롭게 흔들렸다. 잠시 파도가 가라앉자 사람들은 두려움에 떨며 모두 엎드려 바다의 신에게 빌었다.

"바라건대 저희들이 무사히 지나갈 수 있게 해 주십시오…!"

그때 뱃사람 하나가 말했다.

"빌기만 한다고 바다의 노여움을 풀 수는 없습니다."

"그러면 어떻게 해야 이 어려움에서 벗어날 수 있소?"

"한 사람을 제물로 바쳐야 합니다."

관리들이 놀라 물었다.

"한 사람을 제물로 바치다니… 그게 무슨 말이오?"

"우리는 이럴 때 나뭇조각에 각자의 이름을 적어 물에 띄웁니다. 그리고 가라앉는 이름의 주인을 섬에 두고 떠나지요. 그래야만 노한 바다를 잠재울 수 있습니다."

그 같은 말에 관리와 사신단은 몹시 놀랐다. 하지만 누구 하나 이를 어리석다 꾸짖는 이가 없었다. 당장 무어라도 하지 않으면 모두 죽을 판인데다 그 한 명이 설마 나일까 하는 마음이 들었기 때문이었다.

결국 사람들은 뱃사람의 말을 옳다 여겨 나뭇조각에 각자 이름을 적어 한데 모은 뒤 일제히 그것을 바다에 떨어트렸다. 그러고는 물 위에 뜬 조각들을 지켜보았다. 그러자 이윽고 그중 하나가 물 아래로 가라앉았다. 그것은 다름 아닌 관리의 이름이었다.

"이, 이보게들! 이런 터무니없는 경우가 어디 있는가? 어찌 나뭇조각 따위로 사람 목숨을 버릴 수 있단 말인가? 난 내리지 않을 걸세!"

관리는 그제야 사람들을 나무라며 살려 주기를 청했지만 이미 때는 늦은 뒤였다. 마침 작은 섬 하나가 나타나니 뱃사람들은 살기 위해 몸부림치는 그의 몸을 질질 끌어 배 밑으로 떨어트렸다.

"이보시게! 제발 살려 주게!"

사람들은 배 위에서 씁쓸하게 그를 바라볼 뿐이었다. 그래도 마음에 걸렸는지 곧 먹을 것이 담긴 자루들을 배 밑으로 내려 주었다.

"송구합니다, 나리. 하지만 다 같이 죽을 수는 없지 않습니까?"

그러고는 닻을 올려 배를 띄우고는 수평선 너머로 유유히 사라져 버렸다. 홀로 남겨진 관리는 눈앞이 캄캄하였다. 아무리 둘러보아도 주변에 육지라곤 없고 보이는 것은 오직 끝없이 펼쳐진 망망대해뿐이었다.

'하늘이 나를 버리셨구나…!'

그렇게 바닷가에 주저앉아 허탈하게 배가 떠난 쪽을 바라보는데 하늘에서 한 방울 두 방울 비가 떨어지기 시작했다. 비는 곧 억수 같은 폭우로 바뀌었다. 그는 일단 몸을 피할 곳을 찾고자 섬 깊숙한 곳으로 들어갔다.

절벽 근처 작은 석굴을 발견한 관리는 며칠간 그곳에 머물며 지나가는 배가 나타나기를 기다렸다. 하지만 종일 바다를 지켜보아도 지나가는 배는커녕 날아다니는 새 한 마리조차 찾기 어려웠다.

여러 날이 지나니 음식은 곧 바닥을 드러내기 시작했고 관리는 하는 수 없이 먹을 것을 찾아 동굴 밖으로 나왔다.

섬에는 눈을 씻고 둘러보아도 작은 짐승 한 마리 찾을 수 없었다. 다만 육지에서는 볼 수 없는 기이한 풀이 자라고 있었는데, 그 뿌리가 묵직한 것이 그나마 먹을 만하였다. 그 맛 또한 달고 신 것이 일찍이 맛본 다른 과일들에 뒤지지 않았다. 관리는 그 풀 뿌리로 배를 채우며 며칠간 섬을 더 둘러보았다.

그런데 어느 날부터인가 그의 몸에 이상한 변화가 일어나기 시작했다. 온몸에 굵다란 털이 자라기 시작한 것이었다. 그는 자신의 몸이 짐승처럼 바뀌어 가는 것을 보며 두려움을 느꼈다.

'저 풀 때문인가…?'

그는 풀을 독초라 여기며 동굴에 쌓아 놓은 것을 모두 내다 버리고 먹을 것을 찾아 다시 숲을 헤매었다. 하지만 아무리 찾아보아도 섬에는 열매 하나 자라는 것이 없었고 먹을 만한 것은 오직 그 풀, 독초뿐이었다.

'언제 배가 나타날지 모르는데 당장 주린 배를 채우자고 짐승이 될 수는 없지 않은가'

그는 차라리 고기를 잡고자 바닷가로 나섰다. 하지만 평생 글만 읽은 선비에게 고기 잡는 것이 쉬운 일은 아니었다. 며칠을 고생해도 잡히는 것이 하나 없으니 이내 뱃가죽이 등에 달라붙을 지경에 이르렀다. 그는 자꾸만 독초 생각을 하게 되었다.

'언제 배가 나타날지 모르는데 매일 이 고생을 할 수는 없지 않은가…?'

그러고는 독초로 조금씩 배를 채우며 고기 잡는 것을 서서히 게을리하기 시작했다.

그러던 중 하루는 바닷가에서 바위 틈 사이로 반짝이는 무언가를 발견하였다. 그것은 다듬은 듯 둥근 돌멩이였는데 빛이 영롱한 것이 꽤나 값이 나가 보였다.

'내 이리 귀한 구슬은 태어나 처음 보는구나…!'

그는 한동안 그 빛에 취해 멍하니 그것을 바라보다 문득 무언가가 생각나 주변을 살펴보았다. 바닷가에는 그 같은 구슬이 여기저기에 즐비하게 흩어져 있었다.

'이것들을 다 팔면 분명 큰 재물을 얻을 수 있을 것이니 내가 짐승의 모습을 하고 있더라도 이것만 보이면 아무도 나를 함부로 대하지 못할 것이다.'

그는 그날로 고기 잡는 것을 포기하고 독초로 배를 채우며 바닷가에서 구슬을 줍는 데 열중하였다.

배는 여러 해가 지나도록 나타나지 않았다. 관리의 몸에 난 털은 나날이 무성해지다 못해 마침내는 온몸을 뒤덮어 모든 살갗을 가리기에 이르렀고, 구슬은 계속해서 쌓여 음식이 담겨 있던 모든 자루들을 채워 갔다.

마침내 조금 떨어진 곳에 배 한 척이 지나가는 것이 보였다. 관리는 소리를 지르며 배를 불렀다.

"이보시오! 여기 사람이 있소!"

관리가 온 힘을 다해 고함을 치니 배에서도 들었는지 섬으로 다가왔다. 다행히도 조선의 배였다. 뱃사람들은 그의 모습을 보고 몹시 놀랐다.

"당신은 누구길래 이곳에 있소? 또 그 털은 다 무엇이오?"

관리는 자초지종을 설명했고 뱃사람들은 기이하게 여기며 그를 배에 태워 주었다. 관리는 기쁨의 눈물을 흘리며 그동안 모은 구슬들이 담겨 있는 자루도 챙겨 배에 올라탔다.

뱃사람들과 이야기를 나눠보니 시간은 어느새 18년이나 지나 있었다. 뱃사람들은 관리와 이야기를 나누다 문득 그가 가지고 탄 자루들을 보며 물었다.

"십수 년간 홀로 섬에 있었다면서 무슨 짐이 그리 많습니까?"

그러자 관리가 자루에서 구슬 하나를 꺼내어 보이며 자랑스럽게 말했다.

"내 18년간 섬에 갇혀 이룬 일이 하나 있다면 이 값진 돌들을 모은 것이오. 이 영롱한 빛을 보시오. 난 일찍이 이런 귀한 것을 본 적이 없소. 돌아가 이것을 재물로 바꾸면 그간의 고생을 보상받을 수 있을 것이오."

그러자 뱃사람들도 감탄하며 앞다투어 구슬을 구경하였다.

쏴아아아!

그날 밤 관리는 구슬이 쏟아지는 소리에 잠에서 깨었다. 눈을 떠보니 뱃사람들이 자루를 쏟아 구슬의 개수를 세고 있었다. 관리는 비몽사몽하며 물었다.

"무슨 일로 남의 물건을 세고 있는 것이오?"

그 말과 동시에 몽둥이가 그의 머리에 날아왔다. 시간이 지나 관리가 정신을 차려 보니 그의 몸은 단단히 포박되어 있었고 구슬 자루들은 어디론가 사라지고 없었다. 뱃사람 하나가 정신이 든 관리를 보고는 다가와 머리채를 잡고 얼굴을 뜯어보며 다른 이에게 말했다.

"이제 보니 이놈 생김새가 별난 것이 돈 좀 되지 않겠나?"

그 말에 관리가 놀라 소리쳤다.

"이놈! 감히 어디서 그딴 소리를 지껄이는 것이냐?"

그러자 다른 뱃사람이 말했다.

"겉은 영락없이 기괴한 원숭이의 모습인데 저리 입이 살아 있으니 어디 써먹을 데가 있겠나?"

관리의 머리채를 잡은 뱃사람은 가만히 생각하더니 이내 끔찍한 미소를 지으며 허리춤에서 칼을 뽑아 들었다.

"그럼 말을 못하게 만들면 되는 것 아니겠나?"

그러고는 관리의 입을 벌려 혀를 꺼내 잘라 버렸다.

"으아아아아!"

며칠 후 그들은 항구에 정박하여 구슬 자루를 내리는 한편, 사슬로 관리의 몸을 묶어 고을 이곳저곳을 끌고 다니기 시작했다. 관리는 완강히 저항했으나 그럴 때마다 쇠채찍을 사정없이 내려치니 끝내 말을 듣지 않을 수 없었다.

사람들은 기괴한 짐승을 보기 위해 구름처럼 몰려들었고 모두 그를 털 난 짐승쯤으로 알고 신기하게 보며 오락거리로 삼았다.

관리는 사람들에게 소리치며 도움을 청했으나 혀가 잘려 말을 알아들을 수 없으니 그저 짐승이 울부짖는 것으로 알 뿐이었다. 관리는 그렇게 억울함을 알릴 길도 없이 매일 채찍질과 매질에 신음하며 저잣거리에서 춤을 추고 재주를 부리게 되었다.

얼마 되지 않아 뱃사람들은 관리를 이용해 큰돈을 벌어들였고 그에게 빼앗은 구슬은 비싼 값에 팔려다가 뱃사람들끼리 다툼이 일어났다.

"저놈을 발견한 건 난데 왜 이것밖에 갖지 못한단 말이냐?"

"그야 네놈이 그동안 한 일이 적으니 그런 것이지."

그들이 싸움에 정신이 팔려 아무도 관리를 감시하지 않으니 관리는 기회를 타 슬며시 밖으로 몸을 내빼려 하였다.

철커덩, 철커덩

그의 몸을 묶고 있던 사슬 소리에 뱃사람 중 하나가 이를 눈치채고는 소리쳤다.

"저놈이 달아나려 한다!"

그 소리에 놀란 관리는 돌들이 담긴 자루를 발로 걷어찼다. 구슬이 사방에 흩어지자 뱃사람들은 구슬을 집으려 앞다투어 몸을 던져 바닥에 뒤엉켜 싸우기 시작했다. 관리는 그 틈에 천막을 빠져나와 있는 힘을 다해 달렸다.

"저놈 잡아라!"

뱃사람 하나가 따라오니 관리는 숲 속으로 들어갔고 한참을 정신없이 달리다 사찰 하나가 보이자 그는 죽을힘을 다해 달려 사람들이 서 있는 곳에 이르자 이내 정신을 잃고 말았다.

모인의 이야기를 들은 두 사람은 몹시 놀라 마지않았다. 그런 데 선비가 문득 무엇이 생각이 났는지 떨리는 목소리로 그에게 물었다.

"중국에 사신을 갈 정도였으면 꽤나 높은 관리셨을 줄 압니다. 제가 관직이 있은 지 꽤 되니 함자(남의 이름을 높여 부르는 말)를 들으 면 알 수도 있을 듯합니다."

모인은 다시 붓을 들어 이름 세 글자를 썼다.

"으, 으악!"

그러자 선비가 기절초풍하며 뒤로 쓰러지더니 정신을 잃고 말았다. 의아한 승려가 그를 눕히고 깨어니기를 기다렸다가 물었다.

"무슨 일로 그리 놀라셨습니까?"

선비가 눈물을 흘리며 말했다.

"저 분은 제 아버지입니다…"

정신을 차린 선비는 그의 아버지를 집으로 모시고 곧바로 감 영으로 가서 이 이야기를 전했다. 그러고는 군졸들을 풀어 관리 를 핍박한 흉악한 무리를 잡아들여 죄를 물어 한 사람도 빠짐없 이 모두 목을 베었다.

하지만 도적들을 죽여 한을 풀었다 한들 관리의 잃어버린 삶과 엉망으로 상해버린 몸은 이미 돌이킬 수 없는 것이리라. 관리는 말을 할 수 없는 것은 물론이고 다시는 예전처럼 생각하거나 거동하지 못했다.

그의 집안사람들은 죽은 줄 알았던 그가 살아 돌아온 것임에도 마치 살아 있던 사람이 죽은 것처럼 슬퍼하였다.

이 이야기를 기록한 조선 후기의 문신 신돈복(《학산한언》이라는 야담집을 조선 숙종 때에 편찬하였다. 그가 견문한 이야기를 모아 총 100편을 수록하였다고 하며 그 중 30여 편이 《청구야담》과 중복되어 있다고 한다)은 **다음과 같이 평한다.**

기댈 곳 없는 몸으로 그에 맞지 않는 값진 물건을 가지고 있었으니 스스로 화를 불러들인 셈이다.

오래된 벗에게 도움받아
흉악한 살인마를 잡다

#무덤가의여인 #욕망의살인 #범죄앞에서친구가무슨소용

조선 후기 황인검이라는 양반은 일찍이 산사에 들어가 과거 공부를 한 적이 있었다. 그는 그곳에서 자신과 나이가 비슷한 승려 하나를 만났는데 이야기를 나누어 보니 마음이 잘 맞았다.

그 후로 둘은 가까이 지내며 막역한 사이가 되었는데 시간이 흘러 황인검이 과거에 합격하여 하산한 후에도 이따금씩 만나 밤새 회포를 풀곤 하였다. 황인검은 나이가 먹어서도 그 승려와 고민거리를 나누고 그의 조언을 귀하게 여겼다.

시간이 흘러 황인검은 출세하여 평안감사로 부임하게 되었다. 마침 승려가 산 아래로 내려와 있던 터라 함께 이런저런 이야기를 나누며 관아 근처 고을을 돌고 있을 때였다.

한 숲길에 이르러 웬 여인의 구슬픈 울음소리가 들어왔다. 소리를 따라 풀숲에 들어가 보니 울음소리는 무덤 옆 초막 안에서 들려오고 있었다. 황인검이 막을 걷어 보니 한 여인이 울고 있었다.

"저 여인의 울음소리가 몹시 슬픈 것이 내 마음이 다 안 좋아질 지경이구나."

그러자 고을의 사정을 잘 아는 관리 하나가 아뢰었다.

"저 여인은 이곳의 양반집 규수인데 혼인한 지 얼마 안 되어 남편을 잃었습니다. 남편 묘소에 머물며 아침저녁으로 곡을 하고 매일 정성을 다하는데 어찌나 그 울음소리가 슬픈지 고을 사람들 중 이 길을 지날 때마다 함께 슬퍼하지 않는 자가 없지요."

황인검은 여인의 구슬픈 곡소리를 듣고 있자니 자신의 마음마저 울컥하였다. 그와 함께 있던 승려도 마찬가지였던지 가만히 읍을 하며 중얼거렸다.

'…극락왕생하소서…'

그리고는 이내 시찰을 마치고 승려와 작별한 뒤 관아로 돌아갔다. 그런데 얼마 뒤 급한 보고가 들어왔다.

"사또! 사또!"

"무슨 일이냐?"

"어제 보신 그 여인이 간밤에 죽어 버렸다 합니다."

황인검이 놀라 자세한 이야기를 들어보니 사정은 이랬다.

고을 사람들이 수풀 길을 지나다 늘 들리던 과부의 곡소리가 며칠째 들려오지 않아 이상하게 생각하며 초막 안을 보니 그녀가 칼에 난도질당한 채 죽어 있었다는 것이었다.

바로 얼마 전 그녀를 보았던 황인검의 충격은 컸다. 곧바로 조사를 시작하였으나 딱히 이렇다 할 단서를 잡지 못하였다.

황인검은 얼마 전 들었던 여인의 곡소리가 귀에 들리는 듯하여 쉽게 머릿속에서 지울 수 없었다. 그렇게 한동안을 범인 잡기에 머리를 싸매고 있는데 범인을 잡을 좋은 생각이 나지 않았다.

그는 문득 벗이 생각나 하인을 불러 승려를 데려오게 하였다. 승려가 관아에 이르자 황인검이 고민을 털어놓았다.

"자네, 기억나는가? 얼마 전 무덤가의 여인 말일세. 그 여인이 글쎄 얼마 전 흉악한 도적놈을 만나 죽어 버렸다네. 그런데 본 자가 아무도 없으니 그 흉악한 범인을 잡지 못하고 있네. 자네는 출가하여 여러 곳을 두루 다니는 몸이니 혹시 저잣거리에 떠도는 소식이라도 들은 것이 있을까 해서 이리 불렀네."

그러자 승려가 중얼거렸다.

'결국 그리되었구나…'

그러고는 뜸을 들이더니 가만히 고개를 저었다.

"내 들은 것이 없으이. 말해 줄 수 있는 것이 없네."

하지만 황인검은 그가 무언가 알고 있음을 알아차렸다. 그는 가만히 고개를 끄덕인 뒤 그를 관아의 책실에 안내하고 해가 저물자 홀로 은밀히 찾아갔다.

"낮에는 보는 사람이 많아 이야기하기 어려웠을 것 같네. 이제 듣는 사람이 없으니 아는 것을 말해 주게."

하지만 승려는 그래도 말하기를 꺼려하였다. 그러자 황인검은 서운한 듯 말했다.

"자네와 나는 수십 년을 알고 지내며 간담상조(간과 쓸개를 내놓고 서로에게 보이다는 뜻으로 마음을 터놓는 친밀한 사이를 말한다)하는 사이가 아닌가? 벗이 좋은 일을 하겠다는데 무엇을 그리 숨기려하는가?"

그러자 승려는 길게 탄식하더니 말했다.

"알겠네. 내 자네와 헤어진 뒤 다시 그 풀숲을 지나고 있었는데 그 여인과 우연히 마주쳤네. 그런데…"

"그런데 무엇인가? 어서 말해 보게."

"순간 욕정이 끓어올라 그녀를 겁탈하려 했네. 그런데 그녀가 필사적으로 저항하니 나도 모르게 그만 계도로 찔러 죽여 버렸네."

황인검은 너무 놀라 말을 잇지 못하였다. 승려가 말을 이었다.

"나도 그러려 했던 것은 아니네… 여인이 피를 흘리는 것을 보고 나도 모르게 달아나고 말았네."

그러자 황인검은 고개를 떨어뜨렸다 이내 고개를 들어 승려의 눈을 보며 소리쳤다.

"게 있느냐! 여기 흉악한 도적이 있다! 어서 잡아가거라!"

그러자 관아를 지키던 군졸들이 달려와 승려를 잡아갔다. 황인검은 그의 흉악한 죄를 따져 매질을 하여 끝내 때려 죽였다.

이를 보고 어떤 이는 마땅한 일을 했다고도 하고 어떤 이는 비정하다고도 했다.

조선이 황제국이 된 이유

#흥선대원군 #풍수지리 #살만인

정조 사후 안동 김씨를 위시로 한 세도가들은 조선을 마음대로 주무르기 시작했다. 왕은 허수아비에 불과했고, 세도가들은 왕족 중 조금이라도 총명한 자가 있으면 역모로 몰아 죽여 그 후환을 없앴다.

이런 시기에 세도가들이 전혀 눈여겨보지 않는 왕족이 있었으니 흥선군 이하응이었다. 그는 한량 중의 한량으로 매일 권세 있는 양반집 이곳저곳을 드나들며 밥 동냥을 다녔고 길거리의 불량배들과 어울려 허구한 날 술독에 빠져 살곤 하였다.

아무리 몰락했다고는 하나 왕손이라는 자의 행실이 그러하니 세도가들도 혀를 내두르며 아무도 그를 신경 쓰지 않았던 것이었다.

하지만 흥선군은 속으로 한시도 왕족임을 잊지 않고 있었다. 오히려 그의 마음은 왕권을 회복하겠다는 야망으로 가득했다. 망나니 행세를 하고 다닌 것은 세도가들의 날카로운 감시에서 벗어나기 위함이었다. 그는 그렇게 겉으로 바보 행세를 하며 때를 기다리고 있었다.

"언제까지 이리 같은 놈들의 눈을 피해 이렇게 살아야 한단 말인가…"

하루는 그가 아버지인 남연군 묘의 성묘를 위해 청룡산에 가고 있는데 길 끄트머리에 승려 하나가 쓰러져 있는 것을 발견하였다. 팔을 늘어뜨리고 고개가 기울어져 있는 것이 죽었는지 살았는지 알 수가 없었다.

흥선군은 가까이 다가가 그를 자세히 살펴보았다. 가까이서 보니 승려의 생김새가 범상치 않았다. 눈두덩이는 푹 파이고 수염이 누른빛을 띠는 것이 조선 사람이 아닌 이인異人과 같았다.

흥선군이 물끄러미 그를 바라보고 있으니 괴승은 눈도 뜨지 못한 채 갈라진 목소리로 말했다.

"이보시오… 물을 좀 주시겠소?"

남루한 꼴로 길거리에 나자빠져 아무도 거들떠보지 않는 것이 꼭 자신의 처지를 보는 것 같았다. 흥선군은 딱한 마음에 괴승을 가까운 점사로 데려가 물과 밥을 내어 주었다. 괴승은 고맙다는 인사도 없이 정신없이 밥을 먹고 빈 그릇을 남기고서야 입을 떼었다.

"저는 팔도를 돌며 풍수를 보는 정만인鄭萬人이라는 사람입니다. 얼마 전 천하의 명당을 찾게 되었는데 기쁨에 겨운 나머지 먹고 마시는 것조차 잊고 그곳 땅을 둘러보다 돌아오는 길에 그만 정신을 잃은 것입니다."

그의 이야기를 듣던 중에 흥선군의 귀에 들어오는 것이 하나 있었다.

"천하 명당이라 하셨소? 그곳이 어떤 곳이오?"

하지만 괴승은 물음에는 답하지 않고 기이하다는 듯 흥선군의 얼굴을 뜯어보며 하였다.

"나리 얼굴이 좋소이다. 어디의 누구십니까? 또 어디를 가는 길이셨습니까?"

"나는 왕손인 흥선군 이하응이오. 청룡산에 있는 아버지 묘소에 성묘를 가는 길이었소."

그러자 정만인이 얼굴에 기쁜 기색을 띠며 자리에서 일어났다.

"그렇다면 마침 잘 되었습니다. 나리 덕분에 밥 한 끼를 얻어 목숨을 부지하였으니 보잘 것 없는 재주오만 부친의 묏자릴 봐 드리겠습니다."

흥선군은 기뻐하며 그를 데리고 청룡산에 있는 남연군 묘로 데리고 갔다. 그런데 정만인은 묏자리를 보자마자 혀를 끌끌 차며 말했다.

"…매우 좋지 못합니다. 이런 흉터에 조상의 묘를 쓰니 액운을 피할 수 없을 겁니다."

그러고는 이하응을 보며 말을 이었다.

"내 이제야 밥값을 할 수 있게 되었습니다. 나리께 새 명당을 알려드릴 테니 그곳으로 부친의 묘소를 옮기도록 하십시오."

흥선군은 갑작스러운 그의 말에 매우 놀랐으나 만났을 때부터 이미 괴승을 이인이라 생각하던 터였으므로 왠지 모르게 그의 말에 믿음이 갔다. 그에게 물었다.

"그곳이 어디입니까?"

"두 곳을 알려 드릴 테니 그 중 하나를 고르시면 됩니다. 한 곳은 오서산에 위치한 곳으로, 그곳을 묏자리로 삼으시면 만대에 걸쳐 영화를 누리게 될 것입니다. 또 다른 한 곳은 가야산에 있는 곳인데, 그곳을 쓰면 자손 중 천자가 나올 것입니다."

흥선군은 더 생각할 것도 없었다. 자손 중 임금이 나온다면 세도가를 몰아내고 왕실의 권위를 다시 세워 비참한 생활을 청산할 수 있을 것이기 때문이었다. 거기에 왕도 아닌 제왕의 자리라니 만대에 걸친 영화 따위는 감히 비할 것이 못 되었다.

그런데 그때 괴승이 그런 흥선군의 생각을 읽기라도 한 듯 덧붙여 말했다.

"…다만 가야산 자리는 힘이 강하지는 못하니 단 2대에 걸쳐

서만 복을 누릴 것입니다."

하지만 흥선군은 이미 마음속으로 결정을 마친 후라 흔들림 없이 답했다.

"괜찮소이다. 가야산 자리를 보여 주시오."

그러자 괴승은 더는 아무 말도 하지 않고 고개를 끄덕였다. 두 사람은 그 길로 가야산으로 향했다.

이윽고 괴승은 가야산의 한 봉우리에 이르러 아래를 굽어보며 한 곳을 가리켰다.

"바로 저 곳입니다."

그곳을 본 흥선군은 놀라 마지않았다. 그곳은 이미 사찰이 자리 잡고 있는 곳이기 때문이었다. 더군다나 그 사찰은 천년을 이어온 가야사였다.

"저곳에 이미 사찰이 있는데 어찌 묏자리로 쓴단 말이오?"

그러자 괴승이 엷게 미소를 띠며 말했다.

"나리께선 그런 작은 일은 걱정하지 마시고 서둘러 이장을 준비하여 이곳으로 오십시오. 다시 도착하셨을 때는 이미 걱정거리는 사라지고 없을 것입니다."

흥선군은 못내 꺼림칙하였으나 괴승의 영험함을 믿어보기로 하였다. 형들과 청룡산에 위치한 아버지 묘소에서 관을 꺼내어 고생 끝에 가야사에 이르렀다.

그런데 사찰은 모두 불타버려 흔적도 찾을 수 없을 뿐만 아니라 정만인이 홀로 그 터에 서 있었다. 괴승이 천년고찰을 불태워 버린 것이었다.

그는 잿더미가 된 사찰의 터 한 곳을 가리키며 말했다.

"이곳입니다."

그곳에는 타지 않은 구리 부처 하나가 놓여 있었다. 그 불상을 다른 곳으로 옮기려 하였지만 아무리 힘을 다해 밀어도 불상은 꿈쩍도 하지 않았다. 끝내 부술 수밖에 없다 판단한 흥선군은 형들과 함께 불상을 곡으로 세게 내리쳤다. 그러자 별안간 하늘에 천둥이 울리더니 온 산에 기이한 울음소리가 울렸다.

으아아… 아아악…!

흥선군의 형들은 몹시 놀라며 곡을 떨어트리고는 불상에서 물러났다. 하지만 흥선은 멈추지 않고 다시 한 번 구리 불상을 내리쳤다. 그러자 또다시 하늘이 울리고 숲의 울음소리가 들렸다. 흥선군은 하늘을 올려다보며 분노에 가득한 목소리로 외쳤다.

"어찌 나라고 왕권을 잡을 수 없단 말인가!"

그러고는 다시 한 번 곡을 크게 휘둘러 불상을 내리찍었다. 그러자 불상은 이내 두 동강이 나 부서져 버렸다.

불상이 사라지자 흥선군은 서둘러 땅을 파 그곳에 아버지의 관을 묻었다. 봉분이 완성될 때쯤 지켜보던 정만인이 흥선군에게 다가와 고개를 숙여 예를 갖추었다.

"명당의 기운은 나리의 아들 대에 이르러 발복할 것입니다."

"당신에게 이 보답을 어떻게 하면 되겠소?"

"밥 한 끼 보답일 진데 어찌 감히 보답을 바라겠습니까?"

그러더니 미소를 띠며 말했다.

"다만 소승의 평생소원이 해인사의 팔만대장경을 보는 것이었으니 그 인출권을 제게 허가해 주시면 더 바랄 것이 없겠습니다."

"겨우 그것으로 되겠소?"

흥선군이 의아하여 묻자 정만인이 말없이 길게 읍하여 답했다.

몇 년 뒤 흥선군은 아들 하나를 낳게 되었는데 과연 그 아들이 왕위에 오르니 바로 고종이었다. 그렇게 살아 있는 대원군이 된 흥선군은 그제야 총기 있는 본 모습을 드러내고 세도가들을 몰아내 권좌를 차지하게 되었다.

또한 정만인의 공을 높이 치하하며 그의 소원대로 해인사의 팔만대장경을 자유롭게 인판할 수 있게 해 주었다.

그러던 어느 날 대원군이 하루는 꿈을 꾸었는데 그 내용이 기이했다. 한 이름난 노인이 나타나 그에게 대뜸 이렇게 이르는 것이었다.

'조선의 명맥이 이어지려면 살만인殺萬人하여야 하오…'

하룻밤 꿈에 불과하였지만 어찌나 생생한지 대원군은 꺼림칙한 마음을 쉽게 떨칠 수 없었다.

"살만인이라면 만 명을 죽여야 한다는 것인가…?"

그때 조선에서는 이미 수많은 사람이 죽어 나가고 있었는데 병인년 이후 벌어진 천주교도들에 대한 탄압이 그것이었다. 대원군은 꿈의 내용이 이것을 뜻하는 것이려니 하였다.

그런데 얼마 뒤 날벼락 같은 소식이 들려왔다. 서양 오랑캐들이 조선의 천주교도들을 길잡이 삼아 가야산 분묘를 파헤치려 했다는 것이었다. 도굴은 미수로 그치긴 했지만 대원군은 피가 거꾸로 솟는 듯하였다.

"이런 찢어죽일 놈들이 있나…"

그로 인해 천주교도에 대한 학살은 더욱 심해졌고 몇 년이 지나지 않아 죽은 자의 수가 무려 팔천 명에 이르니 점점 노인이 말한 '살만인'과 가까워지는 듯 보였다.

그런데 어느 날 또다시 급한 소식이 들려왔다.

"나리! 정만인이 해인사에서 보배를 훔쳐 달아났다 합니다!"

자세한 이야기를 들어보니 이랬다. 팔만대장경 인판을 허가받은 정만인은 장경판전에서 목판을 모조리 꺼내게 하였는데, 건물이 비자 몰래 그곳에 들어가 그 바닥을 뜯어내고 그곳에 숨겨져 있던 보배 '해인'을 훔쳐 달아났다는 것이었다.

애초에 그가 관심을 가졌던 것은 팔만대장경이 아니라 그 보배였던 것이었다. 이야기를 듣자 대원군에 머릿속에는 무언가 떠오르는 것이 있었다. 몇 해 전 꿈속에 나타났던 노인의 말이었다.

'조선의 명맥이 이어지려면 살만인殺萬人하여야 하오…'

"정만인을 죽여야 했단 말인가…!"

대원군은 급히 군졸들을 풀어 정만인을 잡아들이도록 하였지만 그는 자취를 감춘 지 오래였다.

권불십년이라도 했던가, 대원군은 그 후 얼마 되지 않아 반대 세력의 탄핵을 받아 집권 십년 만에 자리에서 물러나게 되었다. 그러나 그의 아들 고종이 대한제국을 선포하여 황제의 자리에 오르고 훗날 그 아들에게 자리를 물려주니 정만인이 이른 대로 과연 대원군의 후손 중에는 두 명의 천자가 탄생하게 되었다.

　하지만 대원군이 꿈에서 이른 대로 살만인을 이루지 못해서인지 해인을 도둑맞은 후 조선은 그 명맥을 잇지 못하였고, 그의 후손 중에도 더 이상의 천자는 나오지 않았으니 이 또한 정만인이 이른 그대로였다.

　정만인은 그 후 무성한 소문만을 남기고 다시는 모습을 드러내지 않았다. 어떤 말엔 해인을 가지고 황해를 건너다 이를 바다에 빠트렸다고도 하고, 어떤 말엔 장차 나라를 세우기 위해 해인을 가지고 계룡산에 들어갔다고도 한다.

　과연 그가 훔쳐간 해인은 무엇일까?

홀로 살아 돌아온
심마니의 비밀

#산삼 #하늘의뜻 #권선징악

조선시대 경기 영평 땅에는 김씨 성을 가진 갑부가 있었다. 그는 본래 노비의 신분이었는데 재산을 불려 몸값을 치르고 양인이 되어 고을 최고의 갑부가 된 사람이었다. 그런데 사람들은 그를 대단하다고 여기면서도 동시에 비정한 인물이라 생각했다. 그 이유는 과거에 있었던 일 때문이었다.

본래 이담석이라는 양반 밑에 노비로 있던 김씨는 하루는 산에 올라갔다 와서 벗들을 불러 말했다.

"내 산삼이 잔뜩 있는 곳을 찾았다네! 그런데 그것이 몹시 깊은 곳에 있어 혼자서는 꺼낼 수 없었네. 나와 함께 가서 산삼을 캐고 똑같이 나눠 가지는 것이 어떤가?"

이 말에 두 친구는 승낙했고 세 사람은 신이 나서 산에 올라갔다. 그런데 고을을 떠난 지 닷새가 지나도 그들은 돌아오지 않았다.

세 사람의 남은 가족들은 호랑이에게 물려간 것이 아닌가 걱정하며 뜬 눈으로 밤을 지새웠다. 그리고 엿새째 되는 날 마침내 산에서 누군가 돌아왔는데 다른 두 사람은 없고 오직 김씨뿐이었다. 통에는 산삼을 가득 담은 채였다. 이를 본 벗들의 식구들이 물었다.

"내 남편은 어찌하고 혼자 돌아왔습니까?"

그러자 김씨가 뜸을 들이며 대답하지 못했다. 그러자 벗의 가족들이 그의 몸을 붙잡아 흔들며 대답하기를 재촉하자 그가 마지못해 답했다.

"…산삼을 캐고 돌아오는 길에 모두 무엇을 잘못 먹었는지 토하고 설사를 연달아 하더니 그만 죽어 버렸습니다."

그러고는 가져온 산삼을 죽은 이의 식솔들에게 주며 말했다.

"원래 공평하게 나누려 하였지만 일이 이렇게 되었는데 어찌 그럴 수 있겠습니까? 내 몫까지 드릴 테니 이것으로 두 사람의 장례를 치르시지요."

그 일이 있고 난 뒤 고을 사람들은 모두 그가 삼을 독차지하기 위해 벗들을 죽였다 생각하였다. 그가 벗의 가족들에게 준 삼은 일부이고 대부분의 삼은 산에 숨겨 두었다는 것이었다.

김씨는 과연 그 후부터 이상하리만치 일이 잘되어 큰돈을 벌고 천민에서 벗어나더니 이윽고 고을 최고의 갑부가 되었다. 게다가 아흔이 넘도록 심한 병 한 번 걸리는 일없이 사니 사람들은 하늘을 원망하곤 했다.

"친구를 죽인 도적놈이 저렇게 잘되니 하늘도 무심하구나…"

시간이 흘러 죽을 때가 다 된 김씨는 아들들을 불렀다. 그리고는 말했다.

"너희들은 내가 과거 친구들과 삼을 캐러 갔다 온 이야기를 아느냐?"

"예, 아버지."

그러자 김씨가 말했다.

"내 평생 그 이야기를 한 적이 없었다. 하지만 이제 곧 죽음이 멀지 않았으니 너희들에게 알려 줄 때가 되었구나. 절대로 이 이야기를 퍼트려서는 안 된다. 알겠느냐?"

아들들은 모두 알겠다 하니 노인이 지그시 눈을 감으며 말했다.

"하루는 내가 백운산에 올라갔을 때였다…"

젊은 김씨는 백운산에 올랐다가 웬 가파른 절벽 하나를 발견하였다. 그런데 그 모양이 기이했다. 절벽 아래의 땅을 네모지게 둘러싸고 있는 것이 마치 말[馬]의 모양과 같았다.

그는 기이하게 여기며 절벽 아래를 내려다보았다. 그런데 바위 틈 사이로 눈에 익은 풀이 무성하게 자라 있는 것이었다. 바로 산삼이었다. 그는 크게 기뻐하였다.

"저만큼의 삼을 팔면 면천도 족히 할 수 있을 것이다!"

하지만 절벽이 너무 높아 아무리 살펴보아도 내려갈 길이 없었다. 그는 고을에 나는 듯 내려가 죽마고우 둘을 데리고 절벽에 다시 이르렀다.

"내가 내려가 산삼을 캐 올릴테니 자네들은 바구니를 끌어올려 주게!"

그러고는 가져온 밧줄을 바구니에 매달아 그곳에 탄 뒤 절벽 아래로 내려갔다. 그러고는 산삼을 잔뜩 캐서 바구니에 가득 담고는 바구니를 끌어올리기를 몇 번을 반복하자 산삼도 바닥이 났다. 김씨는 위를 향해 외쳤다.

"이제 남은 것이 없으니 올라가겠네! 바구니를 다시 내려 주게."

하지만 그의 벗들은 그를 가만히 내려다보기만 할 뿐 돌아오는 대답이 없었다. 그러더니 바구니를 절벽 아래로 떨어트려 버렸다.

"이보게들! 기다리게!"

김씨는 그제야 일이 잘못되었음을 알고 급히 소리쳐 보았으나 벗들은 절벽 위로 그 모습을 감추었다. 절벽 아래에 남겨져 다시 올라갈 수 없게 된 그는 이리저리 돌아다니며 올라갈 길을 찾아

보았다.

하지만 혼자서 올라갈 수 있을 만한 곳이 아무데도 없었다. 김씨는 절벽 위에 혹여나 사람이 지나갈까 싶어 소리도 쳐 보았으나 그런 깊은 산에 사람이 다닐 리 없었다.

그는 그 자리에 털썩 주저앉았다. 날개가 돋아나지 않는 이상 그가 절벽 위로 올라갈 방도는 없었다.

그렇게 그가 머리를 쥐어뜯으며 방도를 생각하는 동안 날은 저물었다. 산속이 온통 어두워지자 짐승의 울음소리가 들려오기 시작했다. 김씨는 다시 한 번 스스로 어려운 처지에 놓이게 되었음을 깨달았다.

'이곳에 있다 호랑이라도 만나면 큰일이 아닌가…'

그는 밤 동안 몸을 숨길 구덩이를 만들기 위해 맨손으로 땅을 파기 시작했다. 그런데 곧 웬 뿌리들이 손에 잡혔다. 이를 꺼내 보니 남아 있던 산삼들이었다.

'이게 다 무슨 소용이란 말인가…'

그는 삼을 모두 꺼내고 그곳에 들어가 산삼으로 허기를 달래며 밤을 보냈다. 다행히도 절벽 아래로 내려오는 짐승은 없었다. 그렇게 며칠 동안을 버텼으나 절벽 위를 지나가는 사람은 없었다.

'하늘이 준 운을 나누려다 친구를 잃고 목숨마저 잃게 생겼구나…!'

그는 그렇게 생각하고는 삶에 대한 희망을 포기했다. 그런데 그때 절벽 위에서 나무가 쓰러지는 소리가 나기 시작했다. 나무꾼이 온 것이라 생각한 김씨는 위를 향해 힘껏 소리쳤다.

"사람 살려 주시오! 여기 사람이 있소!"

그런데 나무꾼이라고 하기에는 나무의 쓰러지는 소리가 끊임이 없었다. 이상하게 여긴 그는 소리치기를 멈추고 소리가 나는 쪽을 바라보았다. 그러자 잠시 후 커다란 형체 하나가 모습을 드러냈다.

자세히 보니 항아리만 한 대가리에 횃불 같은 두 눈을 번뜩이는 거대한 구렁이었다. 이를 본 김씨는 서둘러 산삼이 있던 작은 구덩이 안에 몸을 숨기고는 숨도 쉬지 않고 구렁이가 자신을 발견하지 않기를 빌었다. 그런데 구렁이는 곧장 그가 있는 자리로 기어왔다.

'이제 꼼짝없이 죽겠구나…!'

김씨는 두려움에 떨며 두 눈을 꼭 감았다.

그런데 구렁이는 김씨가 있는 구덩이 앞에 잠시 멈추더니 이내 그를 가로질러 그가 내려왔던 절벽을 타고 오르기 시작했다. 그러더니 대가리를 절벽 위에 올리고 움직이기를 멈추고는 꼬리를 김씨 앞에서 흔드는 것이었다. 그런데 그 몸짓이 거칠지 않은 것이 마치 절벽 위로 올려 주겠다는 것으로 보였다.

'꼬리를 잡으라는 것인가…'

김씨는 허리끈을 급히 풀어 구렁이 꼬리에 묶고는 그 위에 올라타 단단히 부여 잡았다. 그러자 구렁이가 크게 꼬리를 휘둘렀다. 김씨가 질끈 눈을 감았다 뜨니 어느새 절벽 위에 올라 있었다.

김씨가 꼬리에서 내리자 구렁이는 숲속으로 들어가 버렸다. 그는 기이하게 여기며 왔던 길을 되돌아 고을로 서둘러 내려갔다. 그런데 함께 온 두 벗이 웬 큰 나무 아래 쭈그리고 앉아 있었다.

"이보게들! 아직도 내려가지 않은 것인가?"

김씨는 그들을 불러보았으나 두 사람은 대답이 없었다. 김씨가 그들에게 가까이 다가가 보니 그들은 모두 눈을 허옇게 뒤집은 채 죽어 있었다. 그들이 챙겨간 산삼도 바구니에 그대로 놓여 있었다.

아무리 살펴보아도 그들이 죽은 이유를 찾을 수 없었다. 김씨는 벗들의 삼을 챙겨 고을로 내려갔다. 그가 고을에 이르자 기다리고 있던 그의 식구들이 모두 뛰쳐나와 어찌된 일인지를 물었다. 그런데 함께 갔던 벗의 가족들도 그를 맞이하며 벗의 안부를 물었다.

"어찌 혼자만 돌아온 것입니까? 분명 내 남편과 함께 떠나지 않았습니까?"

김씨는 고민하다 어두운 표정으로 말했다.

"산삼을 가져오다 갑자기 먹은 것을 토하고 설사하더니 죽고 말았습니다."

그러고는 가져온 산삼을 건넸다.

"우리는 산삼을 똑같이 나누기로 했지만 어찌 이런 상황에서 내 몫을 챙기겠습니까?"

이야기를 들은 아들들은 모두 놀라 마지않았다. 아들들이 물었다.

"어찌 사람들이 욕하는 데도 사실을 말하지 않으셨습니까?"

김씨가 답했다.

"그들은 이미 하늘이 내린 벌을 받아 죽게 되었고 나는 하늘의 도움으로 살아남는 것은 물론 분수에 넘치는 복 또한 누리게 되었다. 내가 하늘에 떳떳하면 그뿐이지 벗들의 죄를 들춰 그 가족들에게 마음의 짐을 지울 필요가 뭐 있겠느냐?"

그러고는 말을 이었다.

"너희도 살아가면서 그릇된 생각을 하지 말거라. 하늘과 땅이 모든 것을 지켜보고 있으니…"

김씨는 그렇게 숨을 거두었다. 그 자손들 또한 뜻을 받들어 아버지처럼 살아가니 그의 집안은 대대로 번창하였다.

아내를 빼앗긴 나무꾼

#마십굴 #남의아내를탐하지마라 #쓸데없는욕심은화를불러일으키니

먼 옛날 황해도 수안 땅에 마십이라는 나무꾼이 있었다. 그는 성품이 곱고 정이 깊어 어려운 사람을 보면 그냥 지나치지를 못했는데 정작 자신의 잇속은 전혀 챙길 줄 몰라 항상 가난에 허덕이곤 했다. 또한 나이에 맞지 않게 순진하여 남의 말을 곧이곧대로 믿으니 이따금씩 남에게 은혜를 베풀고도 화를 당하기도 하였다.

고을 사람들은 하나같이 그를 이해하지 못하며 아둔하다 업신여기곤 했다. 그 외에도 사람들이 그에 대해 이해하지 못하는 것이 있었으니 그의 아내가 남편과 달리 매우 슬기롭고 아름다운 여인이라는 것이었다. 그녀는 한 번도 남편을 어리석다 꾸짖지 않고 가난하다 원망하지도 않으며 매우 아끼고 사랑했다.

고을 사람들은 모두 부인이 아깝다며 수군거렸지만 마십 부부는 이에 아랑곳하지 않고 거친 음식을 먹고 팔을 베게 삼는 가난한 살림 속에서도 정답게 지내며 행복한 나날을 보냈다.

그러던 어느 날 마십이 여느 날과 같이 나무를 하러 산에 올랐는데 누군가 숲에 쓰러져 있는 것이 보였다. 가까이 다가가 보니 그는 활통을 멘 젊은 청년이었는데 맥을 짚어 보니 아직 숨이 붙어 있었다.

마십은 그를 들쳐 업고 급히 자신의 집으로 데려갔다. 그리고 며칠간 극진히 간호하니 마침내 청년이 깨어났다. 그는 힘겹게 눈을 떠 방 안을 둘러보더니 마십을 발견하고는 물었다.

"이… 이곳이 어디요? 당신은 누구시오?"

마십의 이야기를 들은 청년이 사정을 설명하였다.

"며칠 전 사냥에 나왔다가 그만 길을 잃고 말았소. 한동안이나 제대로 먹지 못하고 산길을 헤매니 이리 쓰러지게 된 것 같소."

"기운을 차리셨으니 다행입니다. 원하시는 만큼 편히 쉬다 가시지요."

그렇게 말하고 마십은 방을 나가려 하였다. 그러자 청년이 마십을 불러 세웠다.

"이름이 어떻게 되오? 내 마땅히 답례를 하리다."

하지만 마십은 가만히 고개를 저으며 거절했다.

"괜찮습니다. 무언가를 바라고 한 일이 아닌데 어찌 답례를 바라겠습니까?"

청년이 희한하다는 듯 마십을 보더니 말을 이었다.

"난 얼마 전 이곳에 부임한 사또의 아들이요. 내 돌아가 아버지께 당신의 공을 알리면 큰상을 받을 수 있을 것이오. 그러니 사양하지 마시구려."

하지만 마십은 거듭 사양하였다. 그때 마십의 아내가 방 안에 들어왔다.

"정신이 드셨다니 다행입니다. 먹을 것을 조금 내왔으니 드시지요."

원의 아들은 아름다운 부인의 모습을 보더니 넋을 놓고 눈을 떼지 못하였다. 이윽고 부인이 방을 나가자 마십에게 물었다.

"저 여인은 누구요?"

"제 아내입니다."

그러자 원의 아들은 의아하다는 표정으로 마십을 뜯어보았다.

"당신의 아내란 말이오?"

그러고는 잠시 아무 말 않더니 이어 물었다.

"내 아직 몸이 성치 않구려. 조금 더 머물다 가도 되겠소?"

"그러시지요."

그러나 원의 아들은 몸이 다 나았음에도 무슨 영문인지 며칠 간 마섭의 집을 떠나지 않았다. 하지만 마섭 내외는 그런 그에게 눈치 한 번 주지 않고 잘 대접해 주었다. 하루는 마섭이 나무를 하러 집을 나서자 원의 아들이 마섭의 아내를 불렀다.

"그동안 신세가 많았소. 내 마땅히 답례를 하려 하는데 당신의 남편이 도무지 받으려 하지 않지 뭐요. 부인이 대신 선물을 골라 주는 것은 어떻소?"

그러자 마섭의 아내가 고개를 저으며 답했다.

"남편이 그리 생각했다면 이유가 있었을 것인데 어찌 제가 그 같은 일을 멋대로 정할 수 있겠습니까?"

하지만 원의 아들은 아내의 말을 듣지 않고 자신의 말을 이어 서 했다.

"그러지 말고 나와 함께 내 집으로 가십시다. 선물만 골라 마 섭이 오기 전 돌아오면 되는 것이 아니오?"

부인은 더 이상 대꾸하지 않고 방 밖으로 나가 버렸다. 이 모 습에 원의 아들은 낯빛에 노기를 띠더니 소매를 떨치고 집을 떠 나버렸다.

날이 저물자 누군가 집에 들어오는 소리가 들려왔다. 부인은 남편인가 하여 반갑게 마중을 나갔다.

"돌아오셨습니까?"

그런데 집에 돌아온 사람은 마섭이 아닌 원의 아들이었다. 그 는 혼자가 아니었다. 그의 뒤로는 시중 드는 이들이 가마를 들고

서 있었다.

"아까는 내가 무례했소. 마음이 상했을 것 같아 당신에게도 선물을 준비했으니 나와 함께 가십시다. 어서 가마에 오르시오."

이를 본 부인은 버럭 성을 내며 그의 제안을 뿌리쳤다.

"그 이야기라면 이미 대답하지 않았습니까!"

그러고는 방 안으로 들어가 버렸다. 그러자 원의 아들은 더 이상 분을 참지 못하겠는지 문을 향해 크게 소리쳤다.

"어디 천한 것이 감히 양반 앞에서 등을 돌리느냐?"

그러고는 주변에 명했다.

"뭣들 하느냐! 어서 가마에 집어넣어라!"

부인은 악을 쓰며 저항하였으나 장정 여럿이 달려드니 이겨낼 방도가 없었다. 얼마 후 집에 돌아와 부인이 사라진 것을 안 마십은 애타게 그녀를 부르며 집안 구석구석을 찾았다.

"여보! 어디 있소?"

그러다 아내의 비녀가 뜰에 떨어져 있는 것을 발견하였다. 예삿일이 아님을 깨달은 마십은 곧바로 고을로 달려갔다.

고을에 이르러 사람들에게 물으니 원의 아들이 가마를 가지고 고을 밖에 나갔다 돌아왔다는 것이었다. 마십은 관아로 가서 원의 아들을 뵙기를 청했다.

"나리! 나리!"

원의 아들은 별말 없이 그를 들이게 하였다. 그러고는 마당에 들어온 마십을 보며 말했다.

"내 급한 일이 있어 인사할 겨를도 없이 떠나게 되었네. 마침 자네가 이리 찾아왔으니 그동안 신세진 값을 치르도록 하지."

그러고는 품에서 엽전 한 꿰미를 꺼내어 마십 앞에 던졌다. 하지만 마십은 돈은 쳐다도 보지 않고 급히 엎드려 빌기 시작했다.

"나리, 부디 제 아내를 돌려보내 주십시오…!"

그러자 원의 아들이 어린 아이 타이르듯 말했다.

"네 아내가 가난한 것이 지긋지긋하다며 데려가 달라 간절히 비니 어쩔 수 없이 데려온 것이다. 내 너를 가엾게 여겨 넉넉하게 챙겨 주었으니 돌아가 살림에 보태도록 하거라."

하지만 마십은 거듭 빌었다.

"시키시는 것은 무엇이든 하겠습니다. 제발 제 아내를 풀어 주십시오!"

그러자 원의 아들이 버럭 성을 내며 꾸짖었다.

"이놈이…! 풀어 달라니 내가 네 아내를 억지로 끌고 오기라도 했단 말이냐?"

그러고는 좌우를 불러 엄히 명했다.

"여봐라, 저 건방진 놈을 매우 쳐라!"

그러자 머슴들이 몽둥이를 들고 마십을 매질하기 시작했다. 하지만 마십은 고통에 울부짖으면서도 빌기를 멈추지 않았다. 그러던 중 관아에 들어온 아전 하나가 황급히 달려와 원의 아들을 말렸다.

"나리, 이러시면 안 됩니다! 이 이상 일이 시끄러워지면 고을에 흉흉한 소문이 퍼질 것입니다. 사또께서 아시면 어쩌려 그러십니까?"

원의 아들이 가만히 들어보니 그의 말이 옳았다. 아버지가 원에 부임한 지 얼마 되지 않았는데 그 아들이 양민의 아내를 빼앗았다 소문이라도 나면 골치 아플 일이기 때문이었다.

하지만 이제 와 부인을 풀어 주자니 영 마음에 내키지 않았다. 그러자 아전이 그의 마음을 읽기라도 한 듯 못된 꾀를 내어 속삭였다.

"마십은 아둔하여 사람의 말을 곧이곧대로 믿으니 놈에게 이룰 수 없는 일 하나를 맡기시지요. 그러면 나리의 말만 믿고 한참을 행하다 결국 제 풀에 지쳐 포기하게 될 것입니다."

원의 아들은 그렇게 하는 것이 옳다 생각하여 매질을 멈추게 하고는 마십에게 말했다.

"좋다. 네가 그리 원하니 너의 아내를 돌려보내 주겠다. 하지만 관아에 찾아와 무례를 범한 죄가 얕지 않으니 그냥은 청을 들어 줄 수 없구나."

마십이 엎드려 연거푸 고개를 조아리며 말했다.

"시키시는 것은 무엇이든 하겠습니다…!"

원의 아들은 비릿한 미소를 지으며 멀리 산 하나를 가리켰다.

"저 절벽 아래 계곡에 오십 리 굴을 뚫거라. 그러면 네 죄를 용서해 주는 것은 물론 네 아내도 돌려보내 주겠다."

원의 아들 말을 믿은 마십은 그길로 만신창이가 된 몸을 이끌고 절벽 아래 깊은 계곡으로 향했다. 그런데 막상 도착해 보니 그곳은 커다란 바위로 뒤덮여 있었다. 그 큰 바위를 깨야만 굴을 팔 수 있었다.

하지만 마십은 굴만 파면 아내를 구할 수 있다는 생각에 곡을 들어 있는 힘껏 바위를 내려치기 시작했다. 그러나 바위에는 작은 금만 갈 뿐 깨질 기미가 조금도 보이지 않았다.

그런데도 종일 꼼짝도 않는 바위를 쳐니 그의 손은 금세 피투성이가 되었다. 보다 못한 고을 사람 하나가 혀를 끌끌 차며 말했다.

"그래, 그렇게 계속 파 보게. 한 백날 파면 굴이 뚫리지 않겠나?"

"그게 정말이오?"

순진한 마십은 그런 비아냥거림 또한 곧이곧대로 받아들였다. 그는 백일간 내려치면 바위가 깨질 것이라 믿으며 그날부터 매일 옆에 있는 바위에 금을 그어 날짜를 세며 바위를 내려치기 시작했다.

하지만 백일이 다 되어도 그가 바위를 판 깊이는 오십 리는커녕 한 뼘조차 되지 않았다. 마십은 포기하지 않고 엉망으로 찢어진 손으로 계속해서 곡 자루를 움켜잡았다.

그런데 백일째 되는 날 마십이 여느 때와 같이 바위를 내려치고 있는데 갑자기 절벽 위에서 이상한 소리가 들려왔다. 위를 올려다보니 웬 집채만한 바위가 위태롭게 흔들리고 있었다. 바위는 점점 절벽 아래로 기울더니 이윽고 마십이 있는 쪽으로 떨어지려 하였다. 마십은 황급히 몸을 던져 피했고 바위는 그가 있던 곳으로 굴러 떨어졌다.

엎드린 마십이 고개를 들어보니 방금 전 떨어진 바위는 어디론가 사라지고 없었다. 의아한 그가 돌이 떨어진 곳을 보니 그곳엔 커다란 구덩이가 뚫려 있었다. 떨어진 바위가 바닥을 깨고 땅으로 꺼져 버린 것이었다.

또한 그 안에는 사람이 지나갈 만한 깊은 굴이 뚫려 있었다. 그 안을 들여다보니 끝이 보이지 않는 것이 족히 몇 리는 될 듯 보였다. 마십은 크게 기뻐하며 굴의 깊이를 재고자 굴속으로 걸어 들어갔다. 한 걸음 한 걸음을 세며 어둠 속을 걸어가는데 한참을 걸어도 그 끝이 나오지 않았다.

얼마나 들어갔을까, 중간에 웬 굵은 나무뿌리가 앞을 가로 막았다. 그러고는 이내 마십의 머리 위로 흙이 떨어지며 천장에 빛 한 줄기가 새어 들어왔다.

'밖으로 통하는 것인가…?'

마십은 곡을 휘둘러 천장을 허물기 시작했다. 이윽고 틈이 생겨나더니 그 사이로 하늘이 보였다.

그가 구덩이 밖으로 몸을 빼내어 보니 그곳은 웬 기와집의 뒤뜰이었다. 마십은 자신이 온 거리를 헤아리며 생각해 보았다.

'이 근방에 이리 큰 집은 관아뿐인데…!'

그런데 그때, 어디선가 웬 여인의 구슬픈 울음소리가 들려왔다.

"흑… 흑…"

마십은 단번에 목소리의 주인을 알아챌 수 있었다. 바로 아내의 목소리였다. 소리를 따라가 보니 울음소리는 곳간 속에서 흘러나오고 있었다.

마십이 급히 문을 부수어 그곳에 들어가 보니 과연 그의 아내가 포박된 채 바닥에 쓰러져 흐느끼고 있었다. 놀란 마십은 급히 그녀에게 달려가 몸에 묶인 밧줄을 풀어 주었다.

"당신이 올 것이라 믿고 있었습니다!"

이야기를 들어보니 마십의 아내가 원하는 대로 따르지 않자 원의 아들이 그녀를 광에 가둔 것이었다.

"고생이 많았소. 이제 걱정할 것 없소…"

그때 문 쪽에서 누군가가 그들을 보며 소리쳤다.

"웬 놈이냐!"

뒤를 돌아보니 그는 지난날 원의 아들의 곁에 붙어 있던 아전이었다. 마십을 알아본 그는 급히 뜰 쪽을 향해 소리쳤다.

"마십이 들어왔다!"

마십은 부인의 손을 잡고 아전을 밀쳐내고는 곳간 밖으로 빠져나갔다. 그런데 이미 몽둥이를 든 관노들이 그들을 향해 사방에서 달려오고 있었다. 이를 본 마십은 자신이 나왔던 굴속으로 부인과 함께 도망쳐 들어갔다.

이야기를 들은 원의 아들은 크게 노하며 명했다.

"당장 따라 들어가 놈을 쫓아라!"

아전과 관노들은 서둘러 구덩이 속으로 달려 들어갔다. 바로 그때 땅이 크게 흔들리더니 굴의 입구가 무너져 버렸다. 땅 속으로 들어간 아전과 관노들이 돌에 깔려 죽는 끔찍한 소리가 들려왔다.

"으아아악!"

원의 아들은 몹시 놀라면서도 화가 치밀어 올랐다.

"이게 어찌된 일이란 말이냐!"

그는 급히 마십의 행방을 찾아 그를 본 자들을 수소문하였고, 곧 마십이 절벽 아래 뚫린 구덩이를 통해 관아로 들어온 것을 알게 되었다.

"내 이놈을 가만두지 않을 것이다…!"

그리고는 급히 말에 올라 무리를 이끌고 굴의 입구로 향했다. 그렇게 나는 듯 말을 달려 절벽에 도착한 원의 아들은 관노들로 하여금 굴의 입구를 둘러싸게 하였다.

'넌 이제 독 안에 든 쥐다!'

그런데 한참이 지나도 마십 부부가 굴에서 나오지 않았다. 원의 아들은 화를 누르지 못하고 주변에 엄히 명했다.

"여봐라! 굴 앞에 불을 피워라!"

관노들이 장작을 가져와 불을 피우자 연기는 굴속으로 빨려 들어가기 시작했다. 얼마나 지났을까, 과연 굴 안에서 소리가 들려왔다. 그러자 원의 아들은 구덩이로 내려가 굴속을 향해 소리 쳤다.

"네놈이 도망칠 수 있을 거라 생각했느냐?"

그런데 입구에서 들어보니 들려오는 소리가 이상하였다. 그것은 사람이 달려오는 소리가 아닌 파도와 같은 물소리였다. 그것을 알아차렸을 때는 이미 세찬 물줄기가 터져 나온 후 였다.

물줄기는 용솟음치더니 금세 원의 아들이 있던 구덩이를 메워 버렸다. 그는 허우적대며 급히 물 밖으로 나오려 했으나 물줄기가 마치 커다란 손아귀처럼 그의 몸을 붙잡아 굴속으로 끌어내리니 도저히 빠져나올 수가 없었다.

"뭣들 하느냐! 어서 나를 구하거라!"

종자들이 그를 끄집어 내려하였으나 굴속에서 한 차례 더 큰 물줄기가 뿜어져 나왔다. 물줄기는 파도처럼 쏟아져 나와 종자들까지 삼켜 버리기 시작했다. 그들 또한 빠져나오려 필사적으로 허우적거렸으나 역시나 모두 소용없는 짓이었다.

물은 계속해서 불어나 계곡 전체를 잠그기에 이르렀고, 쉴 새 없이 용솟음치며 원의 아들과 그 종자들을 물속으로 끌어당겼다. 그러고 이내 그들의 몸뚱이를 완전히 삼키고는 코와 입 속으로 칼날처럼 파고들어 일시에 숨통을 끊어 버렸다.

그 후 계곡을 가득 메운 물은 언제 그랬냐는 듯 땅속으로 스며들어 사라졌고 뒤늦게 이야기를 전해들은 원은 아들의 죽음을 원통해하며 마십 부부를 잡고자 하였다.

하지만 굴의 재앙이 두려워 아무도 들어가려는 자가 없으니 끝내 포기해야만 했다. 그 이후 아무도 마십 부부를 본 사람은 없었고, 사람들은 그 굴을 마십의 이름을 따 '마십굴'이라 불렀다.

마십굴은 현재에도 물이 흘러나오고 있으며 마십이 그어 놓은 백 개의 금 또한 선명하게 남아 있다고 한다.

마십과 그의 아내는 어디로 간 것일까?

병자호란을
예언한 무관

#병자호란 #혜안과비책 #미래를알아도현실은다르다

조선 중기 윤씨 성을 가진 양반이 있었다. 이미 그는 급제하여 참봉에 임명되었으나 말단직에 만족하지 못해 다시 과거를 준비하고 있었다. 그는 자신의 근무지인 재실에서 오랜 벗 이지무라는 사람과 책문을 짓곤 하였는데 하루는 웬 무관 한 사람이 들어와 이지무를 불렀다.

"지무 있느냐?"

이지무는 무관을 보더니 급히 일어나 예를 갖추었다.

"갑자기 이곳엔 어인 일이십니까? 이보게 윤참봉, 내 숙부뻘

되시는 친척 분이네. 어서 인사드리게나."

하지만 윤참봉은 무관이 들어오는 것을 보고도 몸을 일으킬 생각을 하지 않았다. 이지무의 숙부라는 자의 차림새를 훑어보니 일개 말단 무관직에 지나지 않아 보였기 때문이었다.

'난 문인이고 저 자는 무인인데, 어찌 내가 몸을 낮춰 맞이한다는 말인가?'

이지무가 재차 다그쳐도 윤참봉은 꿈쩍도 하지 않았다. 하지만 이지무의 숙부는 아랑곳하지 않는 듯 오히려 조카를 말리고는 물었다.

"과거를 준비한다 들었다. 글은 좀 지었느냐?"

그러더니 이지무의 책문을 집어 훑어보며 평하는데 글을 쓴 순서까지 알아맞히는 것이 무인임에도 글에 매우 능한 듯하였다. 윤참봉은 기이하게 여겼다.

'말단 무인이 어찌 책문에 저리 능하단 말인가?'

이지무의 숙부는 평을 마치고는 조카에게 글을 돌려 주며 말했다.

"과거를 앞두었다기에 네 앞날을 알려 주러 온 것이다. 올가을 쯤이면 급제할 수 있겠구나."

그러고는 조심할 일에 대해 일일이 알려 주는데 그 내용이 자못 자세한 것이 허튼 소리를 지어내는 것 같지는 않아 보였다. 윤참봉은 그가 예사 인물이 아님을 깨닫고 그제야 급히 일어나 예를 갖추며 용서를 빌었다.

"이인을 알아보지 못한 소인을 용서해 주십시오!"

이지무의 숙부가 그를 가만히 보더니 윤참봉이 쓴 글 또한 집어 훑어보았다.

"진짜 인재가 여기 있었구먼. 내 조카도 자네를 따라가진 못할 걸세. 다만 때가 조금 늦을 것이니 너무 조바심 갖지 말게나. 삼년 안에 좋은 소식이 있을 걸세."

윤참봉은 거듭 고개 숙여 사례하며 말했다.

"어르신의 재주가 가히 하늘을 덮을 만하니 훗날 대장 자리라고 못 오르시겠습니까?"

하지만 이지무의 숙부는 가만히 고개를 저었다.

"아닐세. 나는 명이 기구하여 그리 큰자리는 감당할 수 없네. 비장 정도로 대장의 계책을 돕게 한다면 그건 괜찮을 듯하군."

그러더니 더는 말없이 자리를 떠났다. 그해 가을 과연 이지무는 급제하여 벼슬길에 올랐고 윤참봉 또한 삼년 후 높은 벼슬을 얻게 되었다. 모두 이지무의 숙부가 이른 그대로였다. 윤생이 후에 이지무를 만나 물었다.

"일전에 뵌 자네 숙부님 말일세. 참으로 기이한 재주를 가지셨네. 도대체 어떤 분인가?"

"그 분은 박진헌이라는 분으로 다가올 날을 내다보는 혜안이 있으신 분일세."

평구촌(현 경기도 양주 일대) 사람 박진헌은 어려서부터 문무에 두루 재능을 보였는데 일찍이 아버지를 여의어 집안이 빈한해진 탓에 재주를 갖고도 그것을 떨칠 기회를 얻지 못했다. 하지만 그는 그런 야속한 운명을 원망하지 않고 사냥으로 생계를 유지하며 홀어머니를 극진히 모시며 살았다.

효성이 깊었던 그는 매일 아침 일찍 꿩을 사냥해 어머니께 올리곤 하였는데 한번은 여느 날과 같이 들에서 꿩을 사냥하는데 그중 한 놈이 화살에 맞은 채 땅에 떨어지지 않고 어디론가 날아가는 것이었다.

박진헌이 따라가 보니 꿩은 한 인적 드문 수풀에 이르러 비로소 땅에 떨어졌다. 박진헌은 다가가 수풀을 걷어 보았는데 꿩은 온데간데없이 사라지고 떨어진 화살 밑에 본 적 없는 서책 하나가 놓여 있었다. 그것은 오래된 점서였다.

책을 가지고 집에 돌아와 그 내용을 살펴보니 고대 역괘의 이치가 싱세히 적혀 있었다. 번 옛날 용마가 황하에서 가지고 나온 그림부터 하나라 우왕이 낙수에서 얻은 거북이 등껍질의 글씨까지, 한 장 한 장을 넘길 때마다 감탄을 금치 못할 내용들이었다.

박진헌은 그날부터 책에 매달려 그 안에 적힌 이치를 공부하기 시작했고 마침내는 책의 내용에 통달하여 세상의 길흉과 다가올 미래를 내다볼 수 있게 되었다.

박진헌에게는 이씨 성을 가진 오촌 당숙이 있었는데 광해군이 등극한 후 큰 권세를 누리게 된 자였다. 집안의 권세가 커지자 평소 박진헌을 눈여겨보았던 당숙은 그에게 권했다.

"일찍이 자네의 재주가 뛰어난 것을 잘 알고 있었네. 앞으로 내 집에 머물며 내 아들들과 함께 공부를 하는 것이 어떤가? 자네가 문과에 급제한다면 내 높은 자리를 약속하겠네."

"여부가 있겠습니까?"

흔쾌히 승낙한 답한 박진헌이었만 무슨 영문인지 매번 이런저런 핑계를 대며 당숙의 집에 가기를 피했다. 그의 어려운 형편을 알고 있던 주변 벗들은 하나같이 그를 나무랐다.

"자네 당숙은 지금 팔도에서 가장 큰 권세를 누리는 분이 아닌가? 나는 새도 떨어트릴 만한 분이 그리 호의를 베푸시는데 무슨 영문으로 그리 거절하는 겐가?"

하지만 박진헌은 그럴 때마다 입을 꾹 닫고 아무런 말도 하지 않았다. 그저 번번이 제안을 거절하니 그의 당숙은 끝내 노하여 그를 협박하기에 이르렀다.

"아무것도 없는 서생 놈이 건방지기가 이를 데 없구나. 계속해서 그리 나온다면 반드시 후회하게 해 주겠다."

그러자 박진헌은 준비하던 문과를 포기하더니 무과에 급제해 버렸다. 스스로 당숙에게 쓸모없는 사람이 되어 버리니 당숙도 혀를 내두르며 더 이상 그를 부르지 않게 되었다. 사람들은 그의 이유 모를 행동에 답답해하였다.

"복을 걷어차는 것도 모자라 스스로 그 좋은 재주를 썩히다니… 이리 어리석을 데가 있는가?"

그런데 어느 날 조정에 큰 피바람이 불어 닥쳤다. 인조반정이 일어난 것이었다. 반정군은 광해군의 측근들과 권력 실세들을 잡아 무참히 죽이기 시작했고 실세 중의 실세였던 박진헌의 당숙 또한 화를 피하지 못했다.

그는 아들들과 함께 끔찍한 최후를 맞이했고 그의 집안과 조금이라도 관련된 자들도 모조리 붙잡혀 참형을 당했다. 박진헌의 당숙은 바로 이이첨(조선 광해군 때의 권신)이었다.

박진헌이 그 같이 신묘한 혜안으로 재앙을 피하니 사람들은 모두 기이해 하였다.

"그리 권세 높던 자가 그리 패망할 것을 어찌 알았나?"

박진헌은 그제야 이유를 알려 주었다.

"그 높은 권세 이면에 간흉함이 숨어 결국에는 큰 재앙을 피하지 못할 것이 보였네. 어찌 눈앞에 권세만 믿고 연을 맺을 수 있겠나?"

복의 탈을 쓴 새앙도 구분할 줄 알았던 박진헌은 살아가면서 분수에 넘치는 일을 하지 않았고 낮은 무관 벼슬인 선전관에 머물렀다.

그런데 하루는 벗들과 남한산에 오르게 되었는데 능선을 지날 때쯤 그가 산의 터를 보더니 크게 놀라며 어찌할 바를 몰라 했다. 이상히 여긴 일행 하나가 물었다.

"무슨 일인가?"

"이, 이곳은 임금의 수레가 들어왔다 나갈 곳이네."

"그게 무슨 말인가? 임금의 거처는 따로 있거늘 어찌 이 산에 들어온단 말인가?"

하지만 박진헌은 놀란 표정을 거두지 못하며 말을 이었다.

"그런데 이곳은 반드시 빼앗길 땅이니 몇 년 안에 나라가 큰 화가 닥치게 될 걸세…"

평소 그의 신통함을 잘 알았던 지라 주변 사람들은 그런 그의 말에 함께 불안해하며 물었다.

"그렇다면 어찌해야 그 화를 피할 수 있겠는가? 자네라면 그 것도 알 수 있지 않은가?"

하지만 박진헌은 한동안을 망설이며 말을 잇지 못했다. 그러다 이내 조심스레 입을 떼었다.

"그때 내가 도원수(전시에 군권을 갖는 임시직)가 된다면 가능할지도 모르지… 하지만…"

"하지만 무엇 말인가?"

박진헌은 허망하게 남한산을 보며 눈물 섞인 탄식을 하였다.

"하지만 이제 와 누가 나를 알아준다는 말인가…"

얼마 지나지 않아 박진헌은 갑작스레 숨을 거두었다. 그리고 그해 겨울 그가 이른 대로 임금의 수레가 남산에 들어왔다 나가니 바로 병자호란이었다.

하늘은 그의 행실에 감동하여 앞을 내다볼 수 있는 혜안을 내려 주었으나 삶을 바꿀 비책은 알려 주지 않았다. 또한 그가 분수를 지키며 살아갈 때에는 그 재주로 화를 면하게 해 주었으나 분에 넘치는 생각을 하자 곧바로 죽음에 이르게 하였다.

그가 미래를 예견할 수 있었던 건 그에게 행운이었을까, 불행이었을까?

얼굴에 못 박혀 죽은
여종의 저주

#기이한얼굴점 #귀신의원한 #금계필담

조선 후기 강릉 땅에 최씨 성을 가진 진사가 있었다. 그는 고을에서 제일가는 부자로 항상 곡식이 넉넉하여 곳간의 벽이 드러나는 일이 없고, 자손 또한 많아 집이 붐비지 않는 날이 없으니 뭇 사람들의 부러움을 한껏 받곤 하였다.

또한 갈 곳 없는 생원들을 거두어 자신의 초당에 머물게 하여 베푸는 것도 인색하지 않으니 고을 사람들 중 그를 우러러보지 않는 사람이 없었다.

"저분이 저리 복이 많은 것은 살면서 쌓은 덕이 많기 때문일 것이야."

그런데 어느 날 최 진사가 아들들과 마주 앉아 밥을 먹는데 장남의 양눈썹 사이에 본 적 없는 붉은 점이 보였다.

"못 보던 점이 생겼구나. 어쩌다 그리 된 것이냐?"

"저도 잘 모르겠습니다. 자고 일어나 보니 이리 되어 있지 뭡니까?"

점의 모양이 자못 기이한 구석이 있었으나 최 진사는 이를 작은 부스럼으로 여기고 대수롭지 않게 생각했다. 그런데 한참이 지나도록 점은 사라질 기미를 보이지 않더니 점점 부풀어 올라 이윽고 앵두만한 크기에까지 이르렀다. 그제야 그것이 예사 병이 아님을 직감한 최 진사는 의원을 불러 아들의 증세를 보게 하였다. 하지만 의원도 당황해 하기는 마찬가지였다.

"약을 써도 듣지를 않고 침을 찔러도 고름이 터지지 않으니 일찍이 이런 종기는 본 적이 없습니다."

그러던 어느 날 문득 마당에서 비명 소리가 들려왔다.

"으아악!"

최 진사가 놀라 대청에 나가보니 그의 아들이 얼굴에 난 종기를 부여잡고 고통에 겨워하고 있었다.

"무슨 일이냐!"

그때 아들의 손 틈새로 피가 터져 나오기 시작했다. 바로 종기가 터진 것이었다. 피는 멈출 생각을 않고 흘러내렸고, 이내 아들의 온몸에 흘러 발끝까지 적시기에 이르렀다. 이러한 끔찍한 광경에 최 진사 댁 사람들은 몹시 놀라며 황급히 그를 부축하였다.

하지만 종기에서는 피가 멈출 생각을 않았고 곧 한차례 피가 분수처럼 뿜어져 나오더니 아들은 바닥에 고꾸라져 버렸다. 급히 그를 일으켜 보았으나 그의 숨은 이미 멎은 뒤였다.

최 진사 부부는 몹시 슬퍼하며 아들의 장례를 치러 주었다. 그런데 함께 통곡하는 둘째 아들의 얼굴도 어딘가 이상하였다. 그의 미간에 장남의 것과 같은 붉은 점이 있는 것이었다.

'이게 무슨 일이란 말인가…'

최 진사는 등줄기가 서늘해지는 것을 느끼며 모든 일을 내팽개치고 아들의 점을 없앨 방법을 찾기 시작했다. 하지만 장남 때와 마찬가지로 갖은 수를 써 보아도 종기는 점점 커져만 갈 뿐이었다. 그러던 중 최 진사의 부인이 말하길,

"이는 필시 자연히 일어난 일이 아닐 것입니다. 무당을 불러 굿이라도 해 보는 것이 어떻습니까?"

최 진사는 지푸라기라도 잡는 심정으로 그 말에 따르기로 하고 용하다는 무당을 수소문하여 불러오도록 했다.

이튿날 무당이 최 진사 댁을 찾았다. 그런데 무슨 영문인지 대문 앞에 서서 안으로 들어올 생각을 하지 않았다. 최 진사가 의아하여 나가 보니 무당이 새파랗게 질린 얼굴로 온몸을 떨고 있었다.

"이, 이건 제가 감당할 수 있는 일이 아닙니다."

무당은 그렇게 두려움에 가득 찬 목소리로 외치더니 그대로 달아나 버렸다. 이후에도 용하다는 무녀들과 박수들을 두루 불러 보았으나 모두 같은 반응을 보일 뿐이었다.

'의원도, 무당도 이를 해결하지 못하니 이 무슨 괴이한 일이란 말인가…'

그렇게 두려움에 떨며 어찌할 바를 모르고 발만 구르는 사이 둘째 아들의 미간에 난 종기는 어느새 앵두만한 크기가 되었고 얼마 지나지 않아 또 다시 저절로 터져 버렸다.

둘째 아들은 장남 때와 마찬가지로 터진 종기 사이로 한참 동안이나 피를 쏟아 내고는 그대로 쓰러져 죽어 버렸다. 하지만 그것이 끝이 아니었다. 차남이 죽으니 이번에는 막내아들의 미간에도 같은 점이 생긴 것이었다.

"아버지! 어머니! 저를 살려 주십시오…!"

막내아들은 겁에 질려 살고자 안간힘을 썼으나 역시나 뾰족한 수를 찾지 못했고 끝내 종기가 터져 형들과 마찬가지로 비참한 죽음을 맞이하였다.

짧은 시간에 세 아들을 모두 잃은 최 진사 부부는 충격에 빠져 실성할 지경에 이르렀다. 그런데 재앙은 그들이 슬퍼할 겨를도 주지 않고 또 다시 찾아왔다. 자손 중 유일하게 남은 손자의 이마에도 점이 생겨난 것이었다.

"너만은 안 된다…! 너만은…"

그 시기 최 진사의 초당에는 김씨 성을 가진 생원이 머물고 있었다. 하루는 최 진사 댁 종이 그 앞을 지나다 창문 너머로 그의 아내가 남편에게 하는 말을 듣게 되었다.

"지금 최 진사께서 자식을 모두 잃고 마지막 남은 손자마저 잃게 생겼다 합니다. 우리가 그분께 받은 은혜가 작지 않은데 어찌 가만히 계시는 겁니까? 당신이라면 능히 그분을 도울 수 있을 텐데요…"

그때 김 생원이 종의 기척을 알아차렸는지 황급히 부인의 말을 가로막았다.

"그만! 더는 말하지 마시오."

종은 이들의 이야기를 기이하게 여겨 그 길로 최 진사에게 달려가 들은 것을 아뢰었다. 최 진사는 곧장 김 생원에게 청했다.

"자네에게 기이한 재주가 있다 들었네. 방법을 알고 있다면 내 하나 남은 손자를 살려 주시게."

하지만 김 생원은 짐짓 모르는 체하며 거절하였다.

"무슨 말씀이십니까? 한낱 글 읽는 선비일 뿐인 제가 어찌 의원과 무당도 하지 못한 것을 해낼 수 있겠습니까?"

그러자 최 진사가 눈물을 보이며 애처롭게 빌었다.

"내 자네를 박하게 대한 적이 없었는데 어찌 내 어려움을 이리 모른 척 할 수 있는가? 어린 손자의 얼굴을 봐서라도 한 번만 도움을 주게…"

최 진사가 그리 애걸하니 김 생원도 더는 거절하지 못하겠는지 깊이 한숨을 내쉬고는 말했다.

"지금 즉시 뜰을 청소하고 대청에 향로와 의자를 준비해 주십시오. 상황이 급하니 서두르셔야 합니다."

최 진사는 혹여나 그의 마음이 바뀔까 싶어 급히 하인들을 불러 그가 이른 것들을 준비하게 하였다.

잠시 후 김 생원은 의관을 갖추고 집 안에 들어오더니 대청에 올라 향을 피우고는 품 안에서 부적 하나를 꺼내 태웠다. 그러자 이내 장수 모습을 한 귀신 하나가 나타나 그의 앞에 엎드렸다.

"부르셨습니까, 나리."

최 진사 부부는 기절초풍하며 몹시 놀랐지만 김 생원은 아랑곳하지 않으며 평소 들은 적 없는 엄한 투로 장수 신에게 명했다.

"이 집 땅의 토신을 잡아오너라!"

그러자 장수 신이 김 생원의 말이 떨어지기도 전에 허공에 몸을 솟구쳐 사라지더니 오래지 않아 노인 모습을 한 귀신 하나를 붙잡아 나타났다. 김 생원이 노인을 엄히 꾸짖었다.

"이곳을 지키는 토신이란 놈이 어찌 귀신이 사람들을 마구 죽이는 걸 그대로 두었느냐?"

그러자 토신이 두려움에 떨며 답했다.

"이번 일은 깊은 원한으로 생긴 것이라 소인의 힘으로는 어찌할 방도가 없었습니다."

김 생원이 명했다.

"놈이 있는 곳을 아뢰어라!"

그러자 토신이 뜰 너머의 곳간을 가리키며 말했다.

"저기 숨어 있습니다…"

그때 최 진사가 문득 부인의 얼굴을 보니 무언가 몹시 불안한 듯 온몸을 떨고 있었다. 최 진사는 부인마저 잘못되는 것은 아닌가 하는 불안한 마음에 조심스레 그녀에게 물었다.

"부인… 왜 그러시오?"

그러나 부인은 아무런 대답이 없었다.

김 생원은 토신이 가리킨 곳간으로 성큼성큼 걸어가더니 그곳의 나무문을 열어젖혔다. 그러자 그 안에 가득 쌓인 가마니 더미 사이로 웬 여인의 구슬픈 울음소리가 들려왔다.

'흑… 흑…'

"가마니를 걷어내라!"

김 생원이 명하니 장수 신과 토신이 곳간에 들어가 가마니를 헤집기 시작했다. 그런데 가마니를 걷을 때마다 코를 찌르는 듯한 지독한 악취가 풍겨 나왔다.

'이게 무슨 냄새란 말인가?'

이윽고 가마니를 모두 꺼내어 제일 안 쪽 벽이 드러나니 그곳에 형체 하나가 보였다. 그것은 벽을 보고 선 채 죽어 있는 여인의 시체였다.

그런데 그 모양이 기이하였다. 시체는 힘없이 축 늘어져 있었는데 오직 머리만 벽에 박힌 듯 붙어 있는 것이었다. 김 생원이 조심스레 시체에 다가가 벽에서 그 머리를 떼어 보니 여인의 두

눈썹 사이에는 커다란 송곳이 박혀 있었다.

여인의 얼굴을 본 최 진사는 온몸의 털이 곤두서는 듯하였다. 그녀는 십여 년 전 갑자기 종적을 감춘 여종이었다. 여종의 몸에는 못이 박힌 미간에서부터 발끝까지 피가 흘러내린 자국이 선명하였다.

'이게 어찌된 일이란 말인가…?'

바로 그때 시체가 시뻘건 눈을 부릅뜨며 크게 울부짖었다.

"네 놈은 누구길래 나를 방해하는 것이냐? 네가 이러고도 무사할 성 싶으냐!"

그러고는 놋그릇이 깨지는 듯한 목소리로 비명을 내지르며 김 생원에게 달려들었다. 김 생원이 손짓하니 장수 신이 귀신의 발을 창으로 꿰뚫었다.

"으아아악!"

귀신은 힘없이 그 자리에 쓰러졌고 김 생원은 그녀를 내려다보며 꾸짖었다.

"최 진사 댁 가문 사람들을 죽인 것은 모두 네 소행이렸다! 무슨 영문으로 이런 끔찍한 짓을 벌이는 것이냐?"

그러자 여종은 김 생원을 제압할 수 없음을 느꼈는지 원통한 듯 서럽게 흐느끼며 답했다.

"나는 본래 이곳의 여종으로 하루는 주인어른이 희롱삼아 내 손을 잡았는데 주인마님이 이를 보고 나를 이곳 곳간으로 불렀소. 그러고는 미리 송곳을 박아둔 벽에 내 머리를 밀어 죽이고 가마니 사이에 시체를 숨겨 아무도 내 죽음을 알지 못하게 하였소. 그렇게 원통한 죽음을 당한 지 십년 마침내 이 집안의 운이 쇠하기 시작하니 때맞춰 설움을 풀고자 한 것인데 어찌 남의 원한에 참견하는 것이오?"

김 생원이 크게 노하여 외쳤다.

"이런 요망한 것을 봤나! 어찌 생전의 일을 잊지 못하고 산 사람들에게 해를 끼치는 것이냐!"

그러고는 토신과 장수 신을 불러 명했다.

"이놈을 산 깊은 곳에 바위로 눌러놓고 세상에 발을 붙이지 못하게 하라!"

그러자 토신과 장수신은 여종 귀신을 붙잡아 산 쪽으로 끌고 가기 시작했다. 여종 귀신은 산속으로 사라지기 전까지 거칠게 발버둥 치며 소리치기를 멈추지 않았다.

"내 절대 이대로 끝내지 않을 것이다! 이대로 끝내지 않을 것이야…"

귀신이 사라지자 최 진사는 김 생원에게 깊이 사례하였다.

"고맙네. 내 이 보답을 어떻게 해야 할지 모르겠네."

그런데 김 생원의 표정이 밝지 않았다.

"일단 놈을 가두어 놓았으나 원한이 풀리지 않았으니 안심할 일이 아닙니다."

그러고는 깊이 탄식하더니 조심스레 말을 이었다.

"놈은 오십년 뒤 저곳에서 반드시 빠져나올 것입니다."

"다시 빠져나오다니 그럼 그때는 어찌하면 되겠소?"

"그 이상은… 제 힘으로 어찌할 수 있는 것이 아닙니다."

그 일이 있은 후 최 진사의 손자 얼굴의 미간에 있던 점은 거짓말처럼 사라졌고 최 진사 부부는 여종의 시신을 거두어 후하게 장사를 치르며 지은 죄에 대한 용서를 빌었다. 하지만 김 생원의 말이 끝끝내 마음에 걸려 도무지 두려운 마음을 씻을 수 없었다.

다음 날 장차 다가올 화를 피할 방도를 묻고자 김 생원이 머무는 초당에 가보니 그는 이미 야반도주하여 초당을 떠난 지 오래였다. 이후 김 생원을 본 사람은 아무도 없었다.

그리고 오십년이 흐른 뒤 최 진사 후손들의 얼굴에는 다시금 붉은 점이 생겨나기 시작했고 이번에는 끝내 아무도 그 재앙에서 빠져나가지 못했다.

다가올 화를 알고 있었음에도 여종의 원한을 멈출 수는 없었던 것이었다. 귀신의 저주는 최씨 집안이 완전히 멸문한 후에야 멈추었고 이후 고을에 이 같은 병은 다시 나타나지 않았다고 한다.

이 이야기는 최 진사의 가까운 친척인 승지 최한익이 《금계필담(조선 고종 때에 서유영이 집필한 야담집)》을 쓴 서유영에게 전한 것이라 한다.

어쩌면 당신이 원했던
괴담실록

펴낸날 초판 1쇄 2022년 5월 27일
　　　　　 4쇄 2023년 11월 17일

지은이 괴담실록

펴낸이 강진수
편 집 김은숙, 최아현

인 쇄 (주)사피엔스컬쳐

펴낸곳 (주)북스고 **출판등록** 제2017-000136호 2017년 11월 23일
주 소 서울시 중구 서소문로 116 유원빌딩 1511호
전 화 (02) 6403-0042 **팩 스** (02) 6499-1053

ISBN 979-11-6760-027-1 03910

책 출간을 원하시는 분은 이메일 booksgo@naver.com로 간단한 개요와 취지, 연락처 등을 보내주세요.
Booksgo는 건강하고 행복한 삶을 위한 가치 있는 콘텐츠를 만듭니다.